생각이
크는
인문학

자유

생각이 크는 인문학_자유

지은이 이기규
그린이 이진아

1판 1쇄 발행 2015년 9월 8일
1판 7쇄 발행 2024년 3월 1일

펴낸이 김영곤
키즈사업본부장 김수경
에듀2팀 김은영 고은영 박시은
아동마케팅영업본부장 변유경
아동마케팅1팀 김영남 정성은 손용우 최윤아 송혜수
아동마케팅2팀 황혜선 이해림 이규림 이주은
아동영업팀 강경남 오은희 김규희 양슬기
e-커머스팀 장철용 전연우 황성진
디자인팀 이찬형

펴낸곳 (주)북이십일 을파소
출판등록 2000년 5월 6일 제406-2003-061호
주소 (우 10881) 경기도 파주시 회동길 201(문발동)
연락처 031-955-2100(대표) 031-955-2177(팩스)
홈페이지 www.book21.com

ⓒ 이기규, 2015

ISBN 978-89-509-6216-8 43300

• 제조자명 : (주)북이십일
• 주소 및 전화번호 : 경기도 파주시 회동길 201(문발동) / 031-955-2100
• 제조연월 : 2024.03.
• 제조국명 : 대한민국
• 사용연령 : 8세 이상 어린이 제품

생각이 크는 인문학

9 자유

글 이기규
그림 이진아

을파소

목 차

머리글 8

1장

자유란 무엇일까요?

자유롭다는 것은 어떤 의미일까요? 12
철학자들은 자유를 어떻게 보았나요? 17
자유와 평등은 어떤 관계가 있을까요? 23
자유는 어떻게 세상을 바꾸었나요? 27
★ 소극적 자유와 적극적 자유

2장
몸이 자유롭다는 것은 무엇일까요?

폭력은 왜 자유를 뺏는 일일까요? **38**

체벌은 필요악일까요? **43**

눈에 보이지 않는 폭력도 있나요? **48**

두발, 복장의 자유는 왜 필요한가요? **52**

★ 현대판 노예란?

3장
생각이 자유롭다는 것은 무엇일까요?

사람의 생각은 왜 서로 다를까요? **62**

종교 선택의 자유는 왜 필요한가요? **66**

서약서는 왜 자유를 침해하는 것일까요? **70**

불온한 생각도 인정해야 할까요? **76**

★ 양심수란 누구를 말하나요?

4장

표현의 자유는
왜 필요한가요?

자유롭게 표현한다는 것은 무엇을 의미할까요? 84
검열은 왜 자유를 침해하나요? 88
집회와 시위는 왜 허가제가 아니라 신고제일까요? 92
언론의 자유는 왜 중요할까요? 97
★ 금지곡이란?

5장

청소년은 어떤 자유를
누려야 하나요?

청소년은 미성숙한 존재일까요? 106
청소년의 자기 결정권이란 무엇일까요? 111
선거 연령은 왜 낮추어야 할까요? 116
청소년의 참여가 필요한 이유는 무엇일까요? 121
★ 학생 인권조례, 어린이·청소년 인권조례란?

6장

자유는 제한할 수 없는
권리일까요?

게임 셧다운제는 자유의 침해인가요? **130**

다른 사람의 인권을 침해하는 표현의 자유도 인정해야 할까요? **135**

경제적 자유를 위해 국가는 간섭하면 안 될까요? **140**

자유를 제한하는 최소의 기준은 무엇일까요? **144**

★ 〈샤를리 에브도〉 테러 사건이란?

여러분의 삶 속에 숨어 있는 자유를 찾아보세요.

청소년 여러분들은 자유가 무엇이라고 생각하나요? 그리고 여러분들은 얼마나 자유를 누리고 사나요? 이런 질문에 대해 선뜻 대답하지 못하는 친구들도 있을 것입니다. 자유롭지 않다고 느꼈던 순간들이 있기 때문이죠.

아침 8시부터 저녁 10시까지 매일 학교와 집 그리고 학원을 오가며 잠시 쉴 틈도 없는 친구가 있습니다. 이 친구에게는 한 시간이라도 마음껏 놀 시간이 필요할 것입니다.

한 시간 간격으로 울리는 휴대전화 때문에 답답함을 느끼는 친구도 있습니다. 휴대전화로 부모님께 일거수일투족을 다 보고해야만 하죠. 이 친구는 수시로 울리는 휴대전화 소리에 신경쓰지 않고 하루 종일 마음대로 하고 싶은 마음이 간절할 것입니다.

일곱 시간이 넘는 학교 공부 시간에 꼼짝 않고 앉아 있는 것이 답답한 친구도 있을 것입니다. 이 친구는 어서 빨리 쉬는 시간이 오기를 기다리고 있겠죠.

자신의 휴대전화 문자 기록이나 일기장을 부모님이 마음대로 살펴보는 것에 화가 난 친구도 있을 것입니다. 이 친구는 비밀 일기장을 따로 만들어야 하나 하고 고민하고 있을지도 모릅니다.

어떤 친구는 불행하게도 학교에서 다른 친구들에게 따돌림을 당하거나 원하지 않는 일을 강제로 해야 되는 상황에 처했을 수도 있어요. 이런 친구들은 한 사람만이라도 자신의 손을 잡아주며 도와주길 바랄 거예요.

이렇게 아무에게도 간섭 받지 않고 하고 싶은 대로 마음껏 하고 싶다는 생각이 들 때, 친구들은 "아, 자유롭고 싶다!"라고 말합니다. 그런데 이렇게 '자유롭고 싶다'라는 말을 많이 하면서도 정작 자유란 무엇을 말하는지 그리고 청소년은 어떤 자유를 누릴 수 있는지에 대해서는 잘 알지 못하는 친구들이 많습니다. 자유란 그냥 누구의 간섭 없이 하고 싶은 대로 하는 것일까요?

이 책을 통해 저는 청소년들과 함께 자유에 대해 이야기해 보려고 합니다. 과연 자유란 무엇일까요? 그리고 자유를 누린다는 것은 어떤 의미일까요? 곰곰이 생각하다 보면 여러분들이 누려야 할 자유와 권리는 물론 함께 지켜야 할 다른 사람들의 자유에 대해서도 알 수 있을 것입니다.

"자유롭고 싶어!"라고 외치는 것은 좋지만 자유에 대해 배우는 것은 어렵고 재미없을 것 같다고요? 철학자들의 말이 마냥 지루할 것 같다고요? 그렇지 않아요. 여러분이 숨을 쉴 때 마시는 공기처럼 자유는 우리 삶에 아주 가까이 있어요. 우리가 살아가는 모습과 세상에서 일어나는 일들을 잘 살피다 보면 자유의 진정한 의미를 발견할 수 있기 때문이죠. 결국 자유에 대해 생각한다는 것은 여러분의 삶 속에 숨어 있는 자유를 발견하는 것이랍니다.

어때요? 이 책을 읽을 준비가 되셨나요? 아무도 간섭하지 않는 시원한 그늘에 편안한 자세로 앉거나 누워 보세요. 그리고 책을 펼치고 이제부터 자유를 찾아 떠나는 여행을 함께 시작해 보도록 해요. 자, 떠나 볼까요?

2015년

이기규

자유롭다는 것은 어떤 의미일까요?

"자유롭게 살고 싶어!"
"자유를 위한 탈출!"
"나에게 자유가 아니면 죽음을 달라!"
"자유로운 패션 감각!"
"놀이동산 자유 이용권 단돈 만 원!"

'자유'라는 말은 책이나 영화 혹은 일상생활에서 아주 쉽게 접할 수 있습니다. 여러분은 자유라는 말을 들으면 어떤 것이 생각나나요?

뉴욕에 있는 자유의 여신상이 생각나나요? 아니면 감옥에 갇혀 있던 수감자들이 따뜻한 햇살을 받으며 바깥세상으로 나가는 모습이 생각나나요? 아니면 세상을 자유롭게 날고 있는 한 마리 새나 들판을 힘차게 뛰어노는 아이들의 모습이 떠오르나요? 어떤 것이 머릿속에 떠오르든지 자유라는 말은 기분 좋은 느낌이 듭니다. 자유로움을 뜻하는 프리(Free)란 영어 단어도 마찬가지입니다. 이 단어는 공짜를 뜻하기도 하죠. 영어든 한국어든 자유라는 말을 싫어하는 사람들은 거의 없을 것입니다.

그런데 자유란 무슨 뜻일까요?

자유의 사전적인 뜻은 '외부적인 구속이나 무엇에 얽매이지 않고 자기 마음대로 할 수 있는 상태'입니다. 그런데 자유의 의미는 사전의 뜻처럼 그리 단순하지 않습니다. 사실 자유라는 말은 많이 쓰이는 만큼 그 의미도 다양하기 때문이에요.

사전에서 설명하는 뜻처럼 자유가 무엇에 얽매이지 않고 자기 마음대로 할 수 있는 상태를 뜻한다면, 자유롭다는 의미는 단순히 "마음대로 할 수 있다"라는 뜻일까요?

동물원에 있는 사슴을 한번 생각해 봅시다. 동물원 우리에 갇힌 채 살아가는 사슴에게 자유란 우리 밖으로 나가 드넓은 초원을 뛰어다니는 일일 것입니다. 그런데 동물원 밖 초원에 굶주린 호랑이가 기다리고 있다면 어떨까요?

사슴은 동물원 우리를 벗어나는 순간 위험한 상황에 처할 것입니다. 먹이를 노리는 호랑이에게 목숨을 잃을 수도

있으니까요. 분명 동물원 우리 안에 있을 땐, 자유롭게 이동할 수 있는 자유가 없었습니다. 그런데 초원에 사는 사슴은 항상 호랑이에게 잡아먹힐지도 모른다는 두려움과 공포 속에서 마음 놓고 살 수 없습니다. 이 경우 초원의 사슴 역시 자유를 빼앗긴 게 아닐까요? 그렇다면 우리 안에 사는 사슴과 초원에 사는 사슴의 자유는 서로 다른 걸까요? 그리고 어떤 것이 더 중요한 자유일까요?

만약 부모님이 매일매일 공부하라고 잔소리를 하고, 학원 공부와 과외 공부 때문에 쉴 시간조차 없는 상황이라면 여러분은 자유가 없다고 불만을 터뜨릴 것입니다. 그런데 우리나라에서 멀리 떨어진 파키스탄에 살고 있는 하산이란 친구는 공부를 하고 싶어도 학교에 갈 엄두도 내지 못합니다. 집이 가난해서 하루 종일 일을 해야 하기 때문이죠. 이 친구에게도 공부는 자유를 뺏는 행위일까요? 공부를 많이 하고 있는 여러분과 마음껏 공부하고 싶어 하는 하산 둘 다 자유를 빼앗긴 것이라 생각되진 않나요?

이러한 질문에 대답하기 어려운 것은 자유를 한 가지로 설명할 수 없기 때문입니다. 자유롭다 또는 자유롭지 못하다는 판단은 구체적인 상황과 조건에 따라 그때그때 달라집니다.

뿐만 아닙니다. 단지 눈에 보이는 것만으로 자유롭다 혹은 자유롭지 않다고 판단할 수 없습니다. 만약 몸이 불편해서 휠체어를 타는 사람이 있다면 마음껏 이동하는 자유를 누리지 못한다고 생각할 수 있습니다. 그런데 이 사람이 장애인이라는 이유로 회사에 취직되지 않고, 올바른 교육을 받지 못한다면 이것 또한 자유롭지 못하다고 말할 수 있습니다. 비록 눈에 보이진 않지만 장애인의 차별이라는 벽에 갇혀 있는 것과 다름없으니까요.

몸을 자유롭게 움직이고 이동하며, 생활하는 데 불편이 없다 하더라도 자신의 생각을 표현하거나 말할 수 없다면 그 사람 또한 자유롭지 못하다고 말할 수 있습니다. 또, 술이나 담배 같은 것에 중독이 되어서 끊고 싶어도 끊지 못하는 사람이 있다면 겉으로 보기엔 자유롭게 보여도 그 사람은 자유롭지 않을 수 있습니다.

그러므로 자유롭기 위해서는 우리의 몸과 마음이 외부의 억압으로부터 벗어난 상태여야 합니다. 또한 이 외부의 억압은 눈에 보이는 것은 물론 눈에 보이지 않는 것까지도 포함해야 합니다.

어때요, 쉽게 써 왔던 자유라는 말의 의미를 아는 것이 쉽지만은 않죠? 하지만 걱정할 필요 없습니다. 이제부터 하나씩 하나씩 자유에 대해 알아 가다 보면 자유의 의미뿐 아니라 여러분이 인간답게 살기 위해 자유가 얼마나 필요하고 소중한 것인지를 알 수 있을 테니까요.

철학자들은 자유를 어떻게 보았나요?

자유에 대한 갈망은 정치 체제를 바꾸어 왔죠. 하지만 자유는 정치가들뿐 아니라 철학자들과 사상가들에게도, 문학을 비롯한 예술가들에게도 중요한 주제였답니다. 철학자들과 사상가들, 예술가들은 자유를 어떻게 보았을까요? 이들이 자유에 대해 어떻게 이야기를 했는지 알아보도록 해요.

먼저 철학자들과 사상가들의 자유에 대한 주장을 한번 살펴볼까요?

근대 유럽 민주주의의 기초적인 사상을 제창한 로크와 루소는 인간이 태어날 때부터 자유로우며 동시에 평등하다고 주장했습니다. 이 두 사람은 자유와 평등이 인간 본연의 본성이며, 국가는 자유와 평등을 보장하기 위해 합리적으로 조직되어야 한다고 주장했습니다.

자유를 말한 사람들

존 로크(John Locke, 1632~1704)
영국의 철학자이자 정치사상가. 그의 이론 중 '국가는 사회계약에 의해 국민을 안전하게 보호할 임무가 있다'고 한 사회계약론은 자유주의의 근본 사상이 되었다.

루소(Jean-Jacques Rousseau, 1712~1778)
스위스의 계몽주의 철학자. 인간이 모두 자유롭고 평등한 자연으로 돌아가야 한다고 주장했다. 그가 쓴 책으로 『인간불평등 기원론』, 『사회계약론』, 『에밀』 등이 있다.

존 스튜어트 밀(John Stuart Mill, 1806~1873)
영국의 사회학자, 철학자이자 경제학자. 철학, 정치학, 경제학, 논리학, 윤리학 등 다양한 분야에 관심이 많았다. 개인의 자유가 보장되어야 한다는 『자유론』을 남겼다.

헤겔(Georg Wilhelm Friedrich Hegel, 1770~1831)
19세기 독일에서 가장 큰 영향력을 발휘했던 철학자. 헤이델베르크 대학, 베를린 대학 등에서 교수로 활동했다.

칸트(Immanuel Kant , 1724~1804)
근대 계몽주의를 정점에 올려놓은 독일의 철학자. 과거의 철학을 비판적으로 연구 분석하여 그의 철학을 '비판철학'이라고도 부른다.

영국의 사상가 존 스튜어트 밀은 『자유론』에서 자신의 자유를 위해 다른 사람의 자유도 존중해야 함을 밝히고 있습니다. 그는 특히 사상과 표현의 자유를 강조했습니다. 어떤 의견이든 침묵을 강요당하면 인간과 사회를 해치는 결과를 낳는다고 주장했어요.

독일의 철학자 헤겔은 인간의 역사란 자유를 향해 나아가는 과정이라고 정의했습니다. 그는 고대엔 오로지 왕 하나만이 자유로웠고, 중세엔 소수의 귀족만이 자유를 누렸지만, 근대엔 프랑스혁명으로 만인이 자유로울 수 있게 되었다고 주장했습니다. 역사가 발전할수록 자유를 누리는 사람이 많아진 것이죠.

독일의 철학자 칸트는 자유로운 행동은 자율적 행동이라고 주장합니다. 그리고 사람의 자율적 행동은 생리 현상이나 자연 현상에 따른 행동이 아니라 스스로가 정한 법칙에 따른 행동이라고 생각했습니다. 즉, 칸트에게 자유란 스스로 정한 선한 의지에 따라 행동하는 것입니다. 그래서 칸트에게 자유의 반대는 타율이 되죠.

"자유란 법률이 허용하는 한에 있어서 모든 것을 할 수 있는 권리이다"라는 명언을 남긴 프랑스의 정치학자 몽테스키외는 자유와 평등 중 자유를 더 한층 부각해서 주장했

몽테스키외(Charles De Montesquieu, 1689~1755)
프랑스의 정치사상가. 입법권, 사법권, 행정권으로 권력을 나누는 삼권분립설을 주장했으며 인권 선언과 미국 헌법에 큰 영향을 미쳤다.

존 롤스((John Rawls, 1921~2002)
미국의 철학자. 하버드 대학교에서 교수로 활동했으며 정치철학 분야에서 중요한 학자로 손꼽힌다. 그가 쓴 책으로는 『정의론』이 있다.

조지 버나드 쇼(George Bernard Shaw, 1856~1950)
아일랜드의 극작가 겸 소설가, 수필가, 비평가, 화가, 웅변가. 1925년 노벨문학상을 수상했다. 마르크스의 『자본론』에 크게 영향을 받았다.

세르반테스
(Miguel de Cervantes Saavedra, 1547~1616)
에스파냐의 소설가, 시인, 극작가. 첫 근대 소설이라고 불리는 『돈키호테』의 작가로 유명하다.

조르주 브라크(Georges Braque, 1882~1963)
프랑스의 화가. 파리 미술 학교를 다녔으며, 처음에는 대담하고 거친 붓놀림으로 색조가 선명한 그림을 그렸다. 그 뒤 세잔, 피카소의 영향을 받아 입체파로 주목을 받았다.

습니다. 국민이 자유로운가, 그렇지 않은가를 가장 중요한 기준으로 삼은 그는 국민의 자유를 보장하기 위해 삼권분립주의라고 하는 합리적인 자유민주주의 제도를 제창했습니다. 삼권분립주의는 국가 권력을 입법, 행정, 사법 등 삼권으로 분립한 제도를 말합니다. 이렇게 하면 그 세 권력이 서로 견제하며 힘의 균형을 맞추어 나감으로써 국가 권력의 남용을 방지하고 국민의 자유도 보장할 수 있죠.

미국의 철학자 존 롤스는 그의 책 『정의론』에서 사회가 자유로우려면 기본적으로 평등해야 한다고 주장했습니다. 특정 계층이 다른 계층보다 더 많은 자유를 가지고 있는 경우, 그리고 당연히 누려야 할 자유의 범위가 제한될 경우도 평등한 자유가 아니라고 생각했죠. 그는 또한 자유는 어떤 이유에서도 제한되어서는 안 되고 오로지 자유와 자유가 서로 부딪혀서 생기는 문제를 해결할 때에만 제한을 두어야 한다고 이야기했답니다.

이렇게 철학자들과 사상가들은 자유의 중요성을 이야기하며 사람들의 자유가 보장되기 위해 어떠한 것들이 필요한지에 대해 꾸준히 연구했습니다.

이번에는 소설가와 시인 등 예술가들이 남긴 자유에 대한 말들을 살펴보도록 하죠.

영국의 극작가 쇼는 "자유는 책임을 의미한다. 그러므로 대개의 개인은 자유를 두려워한다"라고 말하며 자유라는 것이 자기 마음대로 하는 행동이 아니라 책임을 전제로 함을 강조했습니다.

세계적인 에스파냐의 작가 세르반테스는 "자유를 위해서라면 명예와 마찬가지로 생명을 걸 수도 있으며 또 걸어야 한다"라는 명언을 남기며 자유의 소중함을 역설했습니다.

큐비즘*의 창시자 중 한 명인 프랑스의 화가 브라크는 "자유는 쟁취하는 것이지, 주어지는 것이 아니다"라고 말하며 자유란 투쟁 없이는 얻을 수 없는 것이라고 주장했습니다.

> ★큐비즘(Cubism) 20세기 초 프랑스에서 일어난 서양 미술 표현 양식 중 하나로 입체주의라고도 한다.

자유의 의미가 다양하듯, 자유에 대해 철학자, 사상가 그리고 예술가들이 생각한 것도 조금씩 다릅니다. 여러분이 생각한 자유와 비슷한 주장을 한 사람이 있나요? 비록 사람들이 주장한 내용은 조금씩 다르지만 자유가 인간에게 없어서는 안 될 소중한 가치임을 부정하는 사람은 아무도 없답니다.

자유와 평등은 어떤 관계가 있을까요?

우리는 자유와 평등을 마치 한 쌍인 것처럼 생각합니다. 그래서 자유와 평등을 민주주의의 가장 중요한 두 기둥이라고도 하고, 자유롭고 평등한 세상을 인간의 이상으로 그리기도 합니다. 하지만 자유와 평등이 모두 조화를 이루는 것은 결코 쉬운 일이 아닙니다. 사람들 중에는 자유를 더 우선시하는 사람도 있고, 평등을 더 우선시하는 사람도 있기 때문이죠.

사회적, 경제적으로 최대한의 자유를 누려야 한다고 주장하는 사람들은 개인의 자유를 가장 중요하게 생각합니다. 자유란 한 사람 한 사람이 속박과 간섭에서 벗어나는 것이며 이를 위해 어떠한 규제도 없어야 한다고 생각합니다. 이 생각은 자유주의의 기초가 되었습니다.

하지만 아무런 간섭이 없는 상태를 자유로 생각하는 이런 자유주의는 현실에서 여러 가지 문제점들을 일으킵니다. 우리 사회는 돈과 권력이 있는 사람과 가난하고 힘이 없는 사람이 함께 살아갈 수밖에 없습니다. 그런데 아무런 간섭과 제한 없이 개인의 자유로운 욕구가 서로 충돌하는 상황이 되면 어떨까요? 돈과 권력이 있는 사람들은 자신이

1909년 미국의 한 공장에서 일하는 어린이들

가진 것을 이용해 더욱더 많은 재산과 힘을 모을 것입니다. 반면 가난하고 힘이 없는 사람들은 아무리 몸부림쳐도 가난과 고통의 늪에서 빠져나올 수가 없습니다.

예를 들어 경제적 자유주의가 한창 그 위세를 떨치던 산업혁명 시기에는 가난한 어린이들이 탄광과 공장에서 적은 임금을 받으며 오랜 시간 동안 고된 노동을 하는 경우가 많았습니다. 하지만 국가는 착취당하는 어린이들의 삶에 전혀 개입하지 않았습니다. 공장주와 어린 노동자들 사이의 계약이 강제적으로 이루어진 게 아니기 때문입니다. 일을 하고 싶은 가난한 어린이들은 넘쳐났습니다. 공장주들은 자기 마음대로 계약을 맺을 자유가 있었지만 어린 노동자들은 먹고 살기 위해 무척 가혹한 조건임에도 공장에서 일을 할 수밖에 없었죠.

이처럼 무조건적으로 자유를 보장하는 사회는 강한 자만이 살아남는 약육강식의 사회로 변질될 가능성이 높습니다.

반면 모든 사람이 평등해야 한다고 주장하는 사람들은 각자의 능력 차이와 상관없이 동등한 권력을 가져야 한다고 생각합니다. 그래서 그들은 개인의 자유가 통제되더라도 국가의 개입으로 사회적이나 경제적인 평등을 이루어야 한다고 생각합니다. 이렇게 강력한 국가의 계획과 통제를 통해 모두가 평등한 사회를 이루어야 한다는 생각은 사회주의의 기초가 되었죠.

하지만 개인이 가지고 있는 다양한 욕망을 통제할 수 있다는 생각도 여러 가지 문제점을 일으킵니다. 개인의 자발성과 자유의지를 인정하지 않는 획일화된 시스템은 개인의 자유로운 생각과 표현마저도 국가가 통제하는 방향으로 나아갔기 때문입니다.

예를 들어 소련의 스탈린* 체제에서 개인의 자유는 국가에 의해 종속되었습니다. 1934년 말부터 1938년까지 스탈

★스탈린(Iosif Vissariono-vich Dzhugashvili Stalin, 1879~1953)
소련의 정치가. 독재적인 방법으로 사회주의를 이끌었으며, 1941년 수상에 취임하였다.

린 정권은 나라를 바로잡는다는 명분으로 정치적 주장이
다른 반대파들을 대대적으로 제거하며 개인의 자유와 정
치적 발언을 철저히 막았고, 사람들은 감시와 공포 속에서
자유를 박탈당하며 살아야 했습니다.

여러분의 생각은 어떤가요? 자유를 위해서 어떤 규제나
통제를 해서는 안 될까요? 아니면 평등한 사회를 위해 개인

의 자유는 희생해도 될까요?

인간은 태어날 때부터 자유롭게 숨 쉬며 살아가길 간절히 바랍니다. 이와 더불어 인간은 평등하고 동등한 존재로 인정받는 것 또한 간절히 바라죠. 즉 자유와 평등, 이 두 가지 중 어느 하나만을 소중하게 생각하거나 소홀하게 여기면 안 됩니다. 자유와 평등이란 두 가치는 서로의 단점을 보완하는 상호 보완적인 가치이기 때문이죠.

이런 의미에서 사람들은 오늘날의 자유가 단순히 간섭과 규제를 없애는 소극적 자유를 넘어 적극적 자유로 가야 한다고 주장합니다. 적극적 자유는 무제한적인 자유를 보장하지 않습니다. 개인이 각자의 자유를 평등하게 실현할 수 있고, 모든 사람의 기본적인 인권을 보장하기 위해 일정한 제한이 필요하다고 여기죠. 적극적 자유는 보다 평등한 사회로 나아가는 기반이 될 것입니다.

자유는 어떻게 세상을 바꾸었나요?

자유로운 삶에 대한 사람들의 열망은 매우 오래되었습니다. 노예제도가 당연하게 생각되었던 고대에도 자유를 위한 투쟁은 있었습니다. 대표적인 예가 로마시대 스파르타쿠스*에 의한 노예 반란입니다. 검투사 노예였던 스파르타쿠스는 기원전 73년 노예제도에 반대하며 다른 검투사 노예들과 함께 반란을 일으켰습니다. 한때 그를 따르는 노예들이 많아서 로마 남부 지역까지 그 세력을 확장했지만 로마의 크라수스*와 폼페이우스*에게 반란이 진압되었습니다. 그리고 6천여 명의 반란 가담자들은 십자가에서 처형되고 말았습니다.

＊스파르타쿠스(Sparta-cus, ?~기원전71)
고대 로마의 노예 반란 지도자. 검투사들을 이끌고 반란을 일으켰으나 실패했다.
＊크라수스(Marcus Licini-us Crassus, 기원전115?~기원전53)
고대 로마의 장군이자 정치가. 로마를 뒤흔든 스파르타쿠스의 반란을 진압하며 큰 명성을 얻었다.
＊폼페이우스(Magnus Gnaeus Pompeius, 기원전106~기원전48)
고대 로마의 장군이자 정치가. 스파르타쿠스의 반란을 진압하며 큰 권력을 얻었다.

당시 전해지는 이야기에 따르면 반란을 진압한 뒤 크라수스가 "여기서 스파르타쿠스가 누구냐?"라고 묻자, 붙잡힌 사람들이 저마다 서로 자기가 스파르타쿠스라고 나섰다고 합니다. 스파르타쿠스의 노예 반란 사건은 고대 로마의 노예들이 얼마나 간절하게 자유를 꿈꾸며 바랐는지 보여 주는 상징적인 사건이라고 할 수 있습니다.

자유를 위한 투쟁을 꼽자면 프랑스혁명도 빼놓을 수 없습니다. 18세기 프랑스를 포함한 유럽에서는 귀족과 성직

시민들에게 공격받는 바스티유 감옥 장피에르 루이 로렌트 휴엘, 1789년 작

자 같은 특권계층만 권리를 가지고 있었고 농민과 시민들
은 봉건적인 속박과 가혹한 세금에 시달리고 있었습니다.
볼테르와 루소 같은 사상가들의 자유에 대한 외침에 눈을
뜬 사람들은 국민회의를 만들고 시민의 자유와 권리를 주
장하기 시작했습니다. 귀족들은 이들을 무력으로 진압하려
고 했으나 1789년 7월 14일, 시민들은 바스티유 감옥을 습
격하고 국왕의 군대와 대항했죠.

국민회의는 "귀족의 권리를 버려야 한다"라고 선언하고,
그해 8월에는 "사람은 태어나면서부터 자유롭고 평등하다"
라는 내용의 인권선언을 발표합니다. 이것이 바로 프랑스혁
명의 시작입니다. 개인의 자유와 평등한 권리를 위해 일어

난 프랑스혁명은 1794년까지 프랑스를 포함한 전 유럽에 자유와 평등의 물결이 넘치게 했고, 기존의 군주제를 폐지시켰으며, 민주주의가 발전하는 데 기여한 중요한 사건이었습니다.

다른 나라들처럼 우리나라도 자유를 위한 사람들의 노력이 있었습니다. 그 대표적인 예가 1960년 4·19혁명에서부터 1987년 6월 항쟁으로 이어지는 민주화 운동입니다.

4·19혁명은 자유당 이승만 정부의 부정선거와 독재에 대항해 자유와 민주주의를 찾기 위한 투쟁이었습니다. 이승만 정권은 자신의 권력을 유지하기 위해 3월 15일 정부통령 선거에서 상상을 초월하는 부정선거를 저지릅니다. 게다가 이에 항의하는 사람들을 무력으로 진압했습니다.

이 과정에서 고등학생인 김주열 학생을 비롯한 수많은 사람들이 희생되었습니다. 결국 전국적으로 일어난 시민들의 저항에 이승만 정권은 항복을 선언하고 대통령 자리에서 물러나게 됩니다. 하지만 자유와 민주주의에 대한 국민들의 열망을 채 꽃피우기도 전인 1961년 5월 16일, 박정희를 비롯한 정치군인들이 군사정변을 일으켜 독재 정권을 세웠습니다. 결국 시민들은 다시금 길고 긴 독재에 신음할 수 밖에 없었죠.

박정희 정권은 국민의 자유를 빼앗는 '유신헌법'이라는 헌법을 만들어 영구적인 집권을 꿈꾸었습니다. 유신헌법과 독재를 비판하는 사람들을 감옥에 가두기도 하고 심지어 죽이기도 했지만, 국민들은 '민주 회복 국민회의'와 같은 유신 반대 단체를 만들어 유신 독재에 끊임없이 저항했습니다. 그리고 1979년 10월 26일 부산과 마산에서 유신 반대 운동이 거세진 가운데 박정희가 자신의 심복이었던 김재규의 총탄에 쓰러졌습니다. 결국 길고 긴 독재 정권도 막을 내리게 되었어요.

박정희 대통령의 사망 후, 사람들은 민주주의와 자유를 이룩하고자 노력했습니다. 이 시기를 '서울의 봄'이라고 부르죠. 하지만 그 열망이 채 이루어지기 전에, 박정희가 키웠던 전두환, 노태우 등의 군인들이 다시 군사 반란을 일으켜 군사 독재 정권을 세웠습니다. 이 과정에서 저항하던 광주 시민들을 계엄군*과 공수부대를 동원해 무자비하게 학살했습니다. 대통령이 된 전두환은 언론을 통폐합하고 독재에 항거하는 사람들을 감옥에 가두고 탄압했죠.

★ 계엄군
일정한 장소를 막도록 임무를 맡은 군대이다.

하지만, 민주주의와 자유의 열망을 가진 사람들은 뜻을 굽히지 않고 광주 민주화 운동의 진상을 알리고 독재에 저항하는 민주화 운동을 계속했습니다. 1987년 6월 민주화 운동은 이러한 민주화의 열망이 폭발한 사건입니다. 이 민주화 운동의 결과로 우리나라는 국민의 손으로 대통령을 뽑는 직선제와 민주적 정치제도를 되찾게 되었습니다.

오늘날 우리가 민주주의와 자유를 누릴 수 있는 것은 이렇게 독재 정권에 맞서 자유와 민주주의를 이루려 한 사람들의 노력과 희생이 있었기 때문입니다.

다른 나라와 우리나라의 자유를 위한 투쟁의 역사를 살

펴보니 어떤 생각이 드나요? 자유는 공짜로 얻어지는 선물이 아니라는 말처럼 지금 여러분이 누리는 자유를 얻기 위해 많은 사람들의 노력과 희생이 따랐다는 것을 결코 잊어서는 안 될 것입니다.

소극적 자유와 적극적 자유

자유 중에도 소극적이고 적극적인 것이 있을까요? 소극적 자유와 적극적 자유라는 개념은 영국의 사상가 이사야 벌린*이 1958년 옥스퍼드 대학에서 '2가지 자유 개념'이라는 취임 강의를 할 때 처음 이야기되었습니다.

> ✱ 이사야 벌린(Isaiah Berlin, 1909~1997)
> 영국의 역사가이자 철학자, 정치사상가. 옥스퍼드 대학교에서 사회철학과 정치철학을 가르쳤으며, 개인의 자율성을 중시하는 전통적인 자유주의 지지자이다.

그는 '소극적 의미'에서의 자유란 사회나 국가 등을 포함한 다른 사람의 간섭에서 벗어나 자신이 하고 싶은 것을 마음껏 할 수 있는 상태라고 이야기했습니다. 이에 비해 '적극적 의미'에서의 자유란 단순히 다른 사람의 간섭을 벗어난 상태가 아니라 자신이 원하는 상태를 이루기 위해 스스로 결정하고 노력할 수 있는 자유를 말합니다.

예를 들어 어떤 사람이 자신의 돈으로 나라 안의 쌀을 모두 샀다고 생각해 봅시다. 소극적 자유에서는 그가 자기 돈으로 쌀을 모두 차지한 것에 대해서 간섭할 수 없습니다. 누구나 돈만 있으면 쌀을 살 수 있는 기회가 보장되기 때문에 그 사람의 행동은 잘못된 것이 아니죠. 하지만 적극적 자유에서는 쌀을 살 기회가 있음에도 경제적 능력이 없어 사지 못하는

사람들의 문제에 주목합니다. 그 나라에 살고 있는 사람들 모두에게는 굶
주림에서 벗어날 자유가 있습니다. 따라서 아무리 자신의 돈으로 쌀을 샀
다고 해도 나라 안의 모든 쌀을 산 행동은 잘못된 것입니다. 그러니 이에
대한 간섭이 필요하다고 생각하죠.

소극적 자유는 모든 종류의 간섭과 규제를 문제라 보고 국가나 사회, 공동체의 가치가 자유를 침해하면 안 된다고 생각합니다. 반면 적극적 자유는 추구하는 가치와 공동체의 공동 욕구를 해결하는 것이 중요하다고 생각하며 소극적 자유가 다른 사람들의 비판에 귀를 기울이지 않는 것을 문제점으로 지적합니다.

여러분은 소극적 자유와 적극적 자유 중 어떤 것이 자유의 가치에 더 가깝다고 생각하나요?

2장

몸이
자유롭다는 것은
무엇일까요?

폭력은 왜 자유를 뺏는 일일까요?

여러분은 '폭력'하면 어떤 이미지가 떠오르나요? 누군가 무지막지하게 주먹을 휘두르는 모습이 떠오르나요? 아니면 영화 속에 나오는 불량배들이나 범죄자들이 총을 쏘거나 칼을 휘두르는 모습이 떠오르나요?

어떤 이미지가 떠오르든 폭력을 좋아하는 사람들은 거의 없습니다. 영화나 드라마에서 나오는 화려한 액션 장면을 보면 신나고 멋있게 느껴진다고요? 그렇게 생각하는 친구들도 있을 수 있지만 자신이 영화나 드라마 속에 있는 사람이라면 전혀 멋있게 느껴지지 않을 거예요. 영화나 드라마 속의 모습은 현실과 완전히 다르니까요.

만약 여러분이 서로 총을 쏘아대는 범죄자들의 총격전 한가운데 있다면 어떨까요? 아니면 무서운 속도로 추격전을 벌이던 자동차들이 서로 들이받고 폭발하는 무법천지의

거리에 서 있다고 생각해 보세요. 정말 신나고 멋있다고 느껴질까요?

총알이 빗발치고 폭격기가 폭탄을 떨어뜨리는 무시무시한 전쟁터는 어떤가요? 그곳에서 여러분은 영화에 나오는 영웅들처럼 무수히 쏟아지는 총알 세례 앞에서 용감하게 돌진할 수 있을까요?

영화 속의 주인공들은 그럴 수 있죠. 그건 그저 가상으로 만든 영화 속이니까요. 만약 우리가 영화가 아닌 현실에서 폭력적인 상황 속에 처한다면 어떤 행동을 할까요? 당연히 어떻게든 그 상황이 지나가길 바라며 안전한 곳으로 몸을 숨길 것입니다. 어쩌면 하루 종일 아무것도 먹지 못하고 주변에 대화 나눌 사람조차 없는 곳에서 쥐 죽은 듯이 있어야 할지도 모릅니다. 이럴 때 우리의 기분은 어떨까요? 편안하고 아늑할까요?

그때 여러분은 자유롭다고 느낄까요? 아닙니다. 당연히 여러분은 겁에 질려서 이 끔찍한 상황이 빨리 지나가기를 기도할 것입니다.

이렇게 폭력적인 상황에 처한 사람은 엄청난 공포를 느낍니다. 두려움 때문에 평소에는 아무렇지도 않게 해 오던 행동도 할 수 없게 됩니다. 평소에는 자유롭게 상상의 날개

를 펼치던 머릿속도 두려움과 공포에 질려 아무것도 생각
하지 못할 것입니다. 맞아요. 폭력은 순식간에 여러분을 꼼
짝할 수 없게 만들어 버립니다.

　누군가가 여러분에게 주먹을 휘두르는 상황도 마찬가지입
니다. 여러분은 깜짝 놀라고 두려울 것입니다. 그리고 그 사
람의 폭력을 피해 몸을 움츠리게 되겠죠. 그렇다면 이미 여
러분은 폭력에 의해 몸과 마음의 자유를 **빼앗긴** 것입니다.

　이럴 땐 오직 폭력을 휘두르는 사람만 마음대로 할 수
있습니다. 자기가 하고 싶은 대로 행동하고 큰 소리로 자기
가 하고 싶은 말을 내지를 수도 있습니다. 그렇다면 폭력
을 휘두르는 사람은 자유로울까요? 그렇지 않습니다. 그는
오직 폭력을 통해서만 자신이 하고 싶은 행동이나 말을 할
수 있기에 폭력이라는 이름의 힘을 행사할 수 없게 될까 봐
두려워집니다. 점점 더 큰 힘을 얻기 위해 더 큰 폭력을 사
용할 것이고, 마침내 폭력의 노예가 되고 말겠죠. 게다가
그가 누리고 있다고 믿는 자유조차 폭력을 통해 다른 사람
이 누릴 자유를 강제로 **빼앗은** 것이기에 진정한 의미의 자
유라고도 할 수 없습니다.

　17세기에는 노예제도가 있었습니다. 이 시기의 흑인 노예
를 그린 그림에는 노예 상인의 채찍을 맞고 괴로워하는 모

노예사냥을 하고 있는 노예 상인들

습이 담겨 있습니다. 당시 노예로 끌려온 흑인들은 도망가지 못하게 발에 족쇄를 채우고 모진 채찍질을 당해야 했습니다. 노예 상인들은 노예로 잡혀 온 흑인들의 자유를 박탈하기 위해 폭력을 휘둘러서 흑인들에게 공포와 고통을 안겨 주었던 것입니다.

오늘날 노예제도는 사라졌지만 아직도 '현대판 노예'로 불리는 많은 사람들이 감시와 학대, 폭력의 공포 속에서 자유를 빼앗긴 채 살아가고 있습니다.

여러분과는 거리가 먼 이야기인 것 같은가요? 사실 폭력이 존재하는 것은 노예제도뿐만이 아닙니다. 여러분의 또래 중에도 가정 폭력의 피해를 입고 자유를 박탈당한 채 불행한 삶을 사는 경우가 많이 있습니다. 이들은 극심한 스트레스를 받으며 우울증이나 불안감을 호소하고, 폭력적인 성향을 나타내기도 합니다.

　　2010년 11월 24일, 한국가정법률상담소는 〈성인지(性認知)적 관점에서 본 아동·청소년의 폭력문제와 정책〉이라는 주제의 세미나에서 가정 폭력에 노출된 아이들이 결국 학교 폭력의 가해자가 된다는 연구 결과를 발표했습니다. 즉, 힘과 폭력만으로 가족 간의 관계를 유지하는 것을 경험한 피해자들은 부모가 되어서도 존중과 이해가 함께하는 가족관계를 유지하는 데 어려움을 느끼게 된다는 것이죠.

　　위에서 살펴보았듯이 폭력은 폭력을 행사하는 사람이나

폭력의 피해를 당하는 사람 모두의 자유를 빼앗는 행위입니다. 그래서 예전부터 지금까지 폭력은 자유를 억압하는 수단으로 이용되어 왔습니다. 폭력에서 벗어나 동등하고 평화로운 관계를 만들어 갈 때 사람들은 자유롭게 생각하고 행동하며 자유를 만끽할 수 있습니다.

체벌은 필요악일까요?

"손바닥 대!"
"복도에서 손들고 서 있어!"
"너, 오늘 몇 대 맞아야 할 것 같아?"

학교나 집에서 이런 일을 당해 본 적이 있나요? 이렇게 교육을 목적으로 신체적인 고통을 가하는 벌을 체벌이라고 합니다. 여러분은 체벌에 대해서 어떻게 생각하나요?
"맞을 짓을 했으니까 맞았지."
"저 놈은 맞아도 싸."
"맞아야 정신 차리지."
이런 이야기를 들으면 어떤 생각이 드나요? 정말 맞을 짓이란 것은 존재할까요? 그리고 사람이 맞아야 정신을 차린 다는 건 사실일까요?

어떤 사람들은 체벌이 필요악이라고 합니다. 체벌이 안 좋은 건 사실이지만 학생들이나 자녀들을 교육할 때 어쩔 수 없이 필요하다는 말입니다. 특히 학교와 같이 많은 수의 학생들을 동시에 교육할 때 교사의 교육이나 지시를 거부하고 수업을 계속 방해하는 학생들을 통제하기 위해서는 꼭 필요한 것이라고 생각하죠. 또 어떤 사람들은 학생에게 체벌을 하고 끝내는 것이 정학이나 등교 정지, 퇴학 같은 징계보다 더 인간적이라고 말하기도 합니다.

정말 체벌은 필요악일까요? 교육을 위해서라면 때리는 행위는 옳은 걸까요? 정말 때리면 그 행동이 고쳐질까요?

사실 체벌은 즉각적인 효과를 가지고 있습니다. 몸으로 직접 고통을 느끼게 하는 벌이기 때문에 고통을 피하고 싶은 학생들이 바로 반응을 하죠. 그래서 체벌을 하는 선생님은 쉽게 학생들을 통제할 수 있습니다.

하지만 이러한 효과는 오래가지 못합니다. 개인의 의지로 자신의 문제를 깨닫고 스스로 고치려는 노력을 하는 것이 아니라, 단지 맞지 않기 위해서, 육체적인 고통을 피하기 위해 행동을 바꾼 척하는 것이기 때문에 체벌의 공포가 사라지면 다시 문제 행동을 하게 됩니다.

어떤 사람들은 말이 통하지 않는 어린아이가 위험에 처했을 경우에 따끔한 체벌을 하는 것이 효과적일 수 있다고 생각합니다. 예를 들면 어린아이가 위험한 물건을 만지려 할 때 손등을 때리는 거죠. 하지만 이러한 단순한 체벌도 어린아이에게 혼란과 두려움만을 줄 뿐입니다. 왜 그 물건을 만지면 안 되는지 어린아이가 이해하지 못했기 때문이죠. 무엇이 문제인지 제대로 깨닫지 못했기 때문에 체벌 뒤에도 위험한 행동을 되풀이할 확률이 높습니다. 게다가 어린아이의 호기심을 통해 배울 수 있는 많은 부분들을 두려움으로 인식할 수 있습니다.

이럴 때는 오히려 위험한 물건을 치우거나, 아이를 이동시켜 위험에 노출되지 않게 보호하고 아이가 다양한 경험을 할 수 있도록 지켜보아야 한다고 심리학자들은 조언합니다. 배움의 기회를 놓치지 않도록 말이죠.

또한 체벌이 계속될수록 체벌에 대해 둔감해지는 것도 문제입니다. 체벌을 하는 사람은 체벌이 계속될수록 말로 해결할 수 있는 문제도 손쉽게 체벌을 사용하게 되는 경향이 있습니다. 체벌을 통해 큰 힘을 들이지 않고 원하는 효과를 얻을 수 있으니까요.

　학생들 역시 체벌에 익숙해지면 자신의 문제를 깊이 있
게 생각하기보다 빨리 벌을 받고 말자라는 식의 태도를 보
이게 됩니다. 잘못을 뉘우치기보다 체벌 받는 그 시간을 빨
리 모면하고 싶은 마음이 큰 거죠. 또는 잘못된 행동을 하
고 그 대가로 벌을 받으면 된다는 잘못된 가치관을 가지게
되기도 하고요. 이렇게 되면 학생들의 행동은 나아지지 않
고 더 강한 체벌을 할 수밖에 없습니다. 결국 체벌을 하는

사람이나 받는 사람 모두 점점 더 폭력적이 되죠.

죄를 지은 사람을 때리는 벌을 태형이라고 합니다. 20세기 초반까지 태형이 있는 나라가 많았지만, 현재는 전 세계 국가 중 33곳뿐입니다. 무기나 마약 밀매 같은 무거운 죄를 범한 경우에 시행되는데, 이마저도 세계 여러 나라와 국제인권단체에서는 비인권적인 형벌이라고 폐지를 촉구하고 있습니다. 때리는 벌을 주는 것은 인간의 존엄을 해치는 일임을 국제사회에서도 인정하고 있기 때문입니다.

그런데 학교나 가정에서 교육이라는 이름으로 하는 체벌은 쉽게 사라지지 않고 있습니다. 그 효과가 의심스러울 뿐 아니라 학생과 교사, 부모와 자녀 사이를 폭력적인 관계로 만드는 데도 말이죠. 이제는 필요악이다 또는 어쩔 수 없는 선택이었다며 체벌을 합리화하는 것보다 모든 폭력에서 벗어나 학생과 교사 그리고 부모와 자녀가 평화롭고 서로를 존중하는 관계로 나아가야 하지 않을까요?

부모님과 선생님으로부터 교육을 받는 입장인 여러분은 어떤가요? 여전히 체벌이 필요악이라고 믿나요? 체벌이 있어야 더 효과적으로 교육이 된다고 생각하나요?

눈에 보이지 않는 폭력도 있나요?

어느 학교 교실, 조용하고 소심한 성격의 민석이는 발표를 준비하고 있었습니다. 어제 하룻밤을 꼬박 새면서 열심히 준비한 발표였죠. 하지만 막상 발표할 차례가 되자 용기가 나지 않았습니다. 간신히 힘을 내서 입을 열었는데 긴장한 탓에 말을 더듬거리고 말았습니다. 그러자 다른 친구들이 민석이를 향해 웃음을 터뜨렸습니다.

"야, 목소리가 그게 뭐냐? 염소 우는 것 같다!"

누군가가 비웃는 목소리도 들렸습니다. 친구들의 웃음소리가 점점 더 커졌습니다. 결국 민석이는 더 이상 발표를 할 수 없었습니다. 그 자리에 돌처럼 굳어진 채 어찌할 바를 모르고 서 있을 뿐이었죠.

민석이란 친구는 왜 아무것도 못하고 돌처럼 굳어진 것일까요? 친구들 중 아무도 민석이에게 눈에 보이는 위협을 가하진 않았는데 말이죠. 그것은 친구들의 웃음소리가 폭력으로 다가왔기 때문입니다. 만약, 친구들이 민석이가 제대로 발표할 수 있도록 격려해 주었다면 힘을 내서 발표할 수 있었을 것입니다.

민석이네 반은 쉬는 시간이 5분밖에 안 되고, 공부 시

간에 1초도 늦으면 안 됩니다. 수업 시작종이 친 뒤 교실에 1초라도 늦게 들어온 친구에게는 선생님이 벌점을 줍니다. 점심시간도 10분 동안 식사를 다 해야 합니다. 10분 안에 식사를 끝내지 않으면 역시 벌점입니다. 이렇게 벌점이 쌓여 10점이 넘으면 부모님이 학교에 오셔야 합니다.

민석이는 아침마다 그리고 쉬는 시간마다 벌점을 받지 않기 위해 정신없이 움직입니다. 하지만 점심시간이 너무 짧아 먹을 때마다 체할 것 같습니다. 아무리 빨리 하려고 해도 계속 다른 친구들보다 뒤쳐집니다. 그래서 민석이는 학교생활에 적응하기 어렵습니다. 여러분이 민석이와 같은 상황이라면 어떤 기분이 들까요? 민석이는 아침마다 학교에 갈 생각만 하면 한숨이 절로 나오고 가슴도 답답합니다. 그 까닭은 1초도 늦으면 안 되는 학교생활이 폭력으로 다가왔기 때문입니다.

폭력은 무기나 전쟁처럼 눈에 보이는 것만 있는 것이 아닙니다. 민석이의 예처럼 세상에는 눈에 보이지 않는 폭력도 있습니다. 가장 대표적인 눈에 보이지 않는 폭력은 법과 제도, 문화입니다. 법과 제도, 문화는 사람들이 살아가는 데 꼭 필요한 것들이지만 어떨 때는 사람들을 옭아매고 두려움에 떨게 하는 폭력이 될 수도 있습니다.

예를 들어 독재국가가 있다고 생각해 봅시다. 한 나라의 왕처럼 독재자는 30년이 넘도록 통치하고 있습니다. 당연히 사람들은 독재자를 비판하려고 하겠죠. 그러자 독재자는 자신에 대해 비판하고 민주주의를 주장하는 사람들을 잡아 가두는 새로운 법을 만들도록 했습니다. 새로운 법이 만들어지면 어떻게 될까요? 사람들은 하고 싶은 말이 있어도 법이 무서워 마음 놓고 이야기할 수 없을 것입니다. 이 법은 눈에 보이지도 않고 사람들을 해치지도 않지만, 이런 법이 존재한다는 사실만으로 사람들은 위축되고 공포심을 느낄 수 있습니다. 결국 나쁜 법과 제도는 보이지 않는 폭력이 된답니다.

이번에는 어떤 나라에 남성을 여성보다 더 높게 생각하고 여성을 하찮게 생각하는 문화가 있다고 가정해 봅시다. 이런 문화 속에서 사는 여성들은 어떨까요? 문화란 사회 구성원들로 하여금 따르도록 권장하는 생활 양식입니다. 문화에 따라 여성들은 업신여김을 받으며 차별당할 것입니다. 눈에 보이지는 않지만 여성들은 이런 차별을 폭력이라고 느끼겠죠. 하지만 이러한 차별에 대해 목소리를 내는 것조차 쉽지 않을 것입니다. 문화에서 어긋난 행동을 하는 사람은 마땅히 규탄받을 테니까요. 이렇게 잘못된 문화도 보이지 않는 폭력이 될 수 있습니다.

마찬가지로 친구들 사이에 보이지 않는 따돌림과 놀림도 학교 폭력이 됩니다. 눈에는 보이지 않지만 말과 태도로 한 사람을 고립시키고, 위축 들게 하며, 자신이 소중한 존재라는 사실을 부정하게 만드는 것들 모두 폭력이 되기 때문이죠.

사실 눈에 보이지 않는 폭력은 쉽게 폭력으로 생각되지 않기 때문에 그냥 지나치는 경우가 많습니다. 하지만 폭력의 피해자들이 느끼는 고통은 그것이 보이는 폭력이든 보이지 않는 폭력이든 다르지 않습니다.

그렇기에 우리는 제도나 법, 그리고 문화에 대해 끊임없이 비판의 눈을 가지고 있어야 합니다. 제도나 법, 문화가 눈에 보이지 않는 폭력이 되어 사람들을 억압하고 두려움에 떨게 하는 존재가 되어서는 안 되니까요.

두발, 복장의 자유는 왜 필요한가요?

이제 곧 중학생이 되는 윤미는 중학교 생활이 걱정됩니다. 윤미는 초등학교 3학년 때부터 길러 온 머리를 계속 기르고 싶습니다. 그런데 윤미가 입학할 중학교는 머리 모양을 마음대로 할 수 없습니다. 머리카락이 어깨에 닿지 않는 길이이어야 한다는 생활 규칙이 있기 때문이죠. 이 규칙은 단정한 머리와 옷차림을 함으로써 학교에서 보다 열심히 공부하기 위해 생긴 것이라고 합니다. 반드시 따라야 하는 규칙이지만, 윤미는 긴 머리가 왜 단정하지 않는지, 왜 어깨에 닿지 않는 머리가 단정한 것인지 이해할 수 없습니다.

윤미는 머리를 잘라야 할까요? 아니면 계속 머리를 길러야 할까요? 생활 규칙에 따라 머리를 자르는 건 자신의 몸 꾸미는 자유를 침해하는 것일까요, 아닐까요?

윤미의 오빠 준섭이는 중학교 3학년입니다. 준섭이는 교복 입는 것이 불편합니다. 특히 추위를 잘 타는 준섭이는 교복만 입고 등교하는 겨울이 너무 싫습니다. 교복 위에 옷옷을 입으려고 해도 학교 규정상 안 된다고 합니다. 그래서 준섭이는 겨울이면 추위에 떨며 등하교를 합니다. 준섭이는 또 일주일 중에 하루만이라도 학교에 교복을 입고 가지 않았으면 합니다. 하루 정도 자신이 원하는 대로 옷을 입고 가면 정말 신날 것 같습니다.

이런 바람들을 학교 건의함에 건의하기도 하고 선생님들에게 요청도 했지만 이루어지지 않았습니다. 준섭이는 학교에서 왜 항상 교복만 입어야 되는지 이해가 되지 않습니다.

학교에서 무조건 똑같은 교복을 입어야 하는 건 자유를 침해하는 것일까요, 아닐까요?

옛날 조선 시대에는 머리카락을 자르는 건 꿈도 꾸지 못할 일이었습니다. 남녀노소 모두 머리를 길렀죠. '신체발부수지부모(身體髮膚須知父母)'라는 말처럼 부모에게 받은 것은 머리털 하나라도 소중히 여겨야 했기 때문입니다. 그런데 1895년 머리를 짧게 자르라는 단발령이 내려지면서 관리들이 강제로 백성들의 상투를 잘랐습니다. 백성들은 크게 반발할 수밖에 없었죠.

일제 강점기 이후 학생들은 학교에서 교복을 입고 머리카락도 군인처럼 짧게 깎았습니다. 그때부터 지금까지, 자유롭게 옷을 입고 학교를 다니던 1980년대의 일부를 제외하면 학생들은 교복을 입고 짧은 머리를 한 모습이 바람직하다고 여겨집니다. 사실 우리나라에서 짧은 머리가 단정하다고 여기게 된 건 불과 몇십 년이 채 되지 않았고, 우리나라 고유의 문화도 아닌데 말이죠.

1960년대에는 학생들뿐만 아니라 어른들도 옷차림과 머리 모양에 대해 단속했습니다. 1960년대 장발과 미니스커트는 자유의 상징으로 크게 유행했습니다. 이에 독재 정부였던 박정희 정권은 장발인 남자와 미니스커트를 입은 여

자들을 집중적으로 단속했습니다. 1970년을 시작으로 1980년 장발 단속이 중지될 때까지 10여 년간은 국가가 개인의 옷차림이나 머리 모양을 강제로 제한하는 시대였어요. 지금은 누구도 장발이나 미니스커트를 강제로 단속하던 예전처럼 강제로 머리 모양과 옷차림을 통제해야 한다고 주장하지 않습니다. 하지만 학생들에게는 여전히 머리 모양과 옷차림을 단속하고 있죠.

어떤 사람들은 짧고 단정한 머리를 하고 교복을 입으면 공부에 더 집중할 수 있기 때문에 학생들의 두발이나 복장에 대해 학칙으로 제한을 두어야 한다고 주장합니다. 하지만 짧은 머리를 하고 교복을 입으면 공부 분위기가 좋아진다는 과학적 근거는 없습니다. 혹, 공부 분위기가 좋아질 수 있다 하더라도 단지 그 이유만으로, 학생들의 신체를 꾸미고 가꾸는 자유를 국가나 사회가 가로막아도 되는 것일까요? 개인이 자유를 누리는 게 공부 분위기보다 중요하지 않은 것일까요? 학생은 인간으로서 누릴 자유가 제한되어도 되는 것일까요?

단발령에 반대한 사람들의 저항이 거세었던 것과 장발 단속을 해도 머리를 기르는 사람들이 줄어들지 않았던 것은 국가가 함부로 자신의 몸을 통제하려고 하는 데에 대한 반발이었습니다. 자기 몸의 주인은 자기 자신이며 자신의 몸을 꾸미고 가꾸는 것은 개인의 자유입니다. 최근 들어 머리 모양을 자유롭게 하는 학교가 늘어나고 교복에 대해서도 학생들의 의견을 반영해 결정하는 학교가 늘어나고 있는 것은 바로 이런 이유 때문이랍니다.

지난 2012년 우리나라를 떠들썩하게 만든 충격적인 사건이 벌어졌습니다. 사람들은 이 사건을 '염전 노예 사건'이라고 불렀습니다. 우리나라에 노예제도가 사라진 지도 오래되었는데 왜 노예라는 말이 다시 등장하게 된 것일까요? 사건은 이렇습니다.

장애가 있는 채씨 아저씨는 지난 2008년 직업소개소의 소개로 신안군의 외딴 섬마을의 염전에 갔습니다. 직업을 얻었다는 기쁨도 잠시, 채씨 아저씨는 13년간 하루 5시간도 자지 못하면서 염전 일은 물론 벼농사, 건물 공사 등 각종 일을 해야 했습니다. 일을 한 대가로 단 한 푼의 임금도 받지 못한 채 말이에요. 도망가지 못하게 감시를 당하기도 했습니다. 결국 채씨 아저씨는 감시를 피해 간신히 어머니에게 구해 달라는 편지를 보냈고 결국 경찰의 도움으로 노예 상태에서 벗어날 수 있었습니다.

1980년, 노예제도를 인정한 마지막 나라였던 모리타니가 마침내 노예제도를 폐지했습니다. 이제 전 세계에 노예제도가 인정되는 나라는 단 한 군데도 없어요. 하지만 아직도 노예 같이 감시와 통제 속에서 가혹한 노동을 견디며 살아가는 사람들이 있습니다. 이러한 상황에 처한 사람들을 '현대판 노예'라고 부르죠.

2014년 글로벌 노예 실태보고서에 따르면 현대판 노예로 전락해서 비참한 삶을 살아가는 사람들은 전 세계에 약 3천6백만 명이라고 합니다. 이 중에는 집안 빚 때문에 강제로 팔려가거나 인신매매에 의해 노예 상태가 된 어린이들도 상당수 포함되어 있습니다.

현대판 노예 문제를 해결하기 위해 2015년 로마 가톨릭의 프란치스코 교황은 소비자들에게 현대판 노예들이 만든 상품을 구입하지 말 것을 촉구할 예정입니다. 또한 기업들에게 노예 상태나 인신매매에 처한 사람들이 강제적으로 일하지 않도록 각별한 주의를 기울여야 한다고 당부하기도 했습니다.

비록 노예제도는 사라졌지만 현대판 노예가 아직 지구상에 남아 있습니다. 인간이 같은 인간의 자유를 빼앗고 착취하는 이러한 폭력이 사라지기 위해서는 전 세계 사람들의 관심과 노력이 필요하답니다.

3장

생각이
자유롭다는 것은
무엇일까요?

사람의 생각은 왜 서로 다를까요?

수철이는 최근 유행하는 아이돌 그룹의 노래를 좋아합니다. 그래서 항상 최신 유행 가요를 듣습니다. 수철이와 같은 반 유미는 80년대 노래들을 좋아합니다. 잔잔한 기타 선율이 마음에 들어 최근에는 기타 연주도 배우기 시작했죠. 반면, 피아니스트가 되는 게 꿈인 윤호는 쇼팽이나 모차르트의 피아노 곡을 즐겨 듣습니다.

이 세 명의 친구들은 같은 나이, 같은 반이지만 서로 좋아하는 것이 다릅니다. 게다가 생각하는 것도 다 다릅니다. 쉬는 시간이 되면 수철이는 아이돌 그룹에게 어떤 팬레터를 보낼까 생각을 하고, 유미는 내일 있을 기타 연주를 잘할 수 있는 방법에 골몰합니다. 윤호는 피아노 연습 시간을 언제로 할지 고민합니다.

사람들은 모두 생각이 다릅니다. 그리고 좋아하는 것도

다릅니다. 음악을 좋아해도 그 장르가 서로 다를 수 있고 같은 장르를 좋아한다고 해도 좋아하는 음악가는 다를 수 있습니다. 같은 음악가를 좋아하더라도 그 음악가를 좋아하는 이유는 조금씩 다르죠.

똑같은 공연을 보아도 어떤 사람은 공연의 내용을 생각하고 어떤 사람은 공연과 관련된 텔레비전 드라마를 떠올립니다. 얼굴 생김새나 생활 방식이 거의 똑같은 쌍둥이조차 서로 좋아하는 게 다르고, 생각이나 느낌이 다르며, 성격 또한 다른 경우가 많죠. 같은 것을 보고 같은 경험을 해도 생각이 다 다른 까닭은 사람마다 자라면서 경험한 것, 본 것, 들은 것, 생각한 것들이 각기 다르기 때문입니다. 그러므로 내 생각과 감정은 단지 그 순간 툭 튀어나온 것이 아니라 '나'라는 존재 전체를 구성하는 모든 것들의 영향을 통해 생겨난 것입니다.

이렇게 모든 사람들의 생각이 제각기 다른 것은 당연한 일이지만, 간혹 몇몇 사람들은 모두 같은 생각을 해야 한다고 생각하기도 합니다. 그래서 자신의 생각을 강요하거나, 자신과 다른 생각을 가지고 있다는 것을 인정하지 않으려는 사람들도 있습니다.

만약 수철이네 반 친구들에게 모두 클래식을 좋아하라

고 억지로 강요하면 어떨까요? 친구들은 입 밖으로 자신의 생각을 드러내지는 않지만 머릿속으로는 각자 자신이 좋아하는 것을 생각할 것입니다. 사람의 생각을 억지로 하나로 만드는 것은 불가능하답니다.

만약, 모든 사람들이 똑같이 생각하고 다른 생각은 전혀 할 수 없다면 어떤 일이 생길까요? 원시 시대의 인간이 도구를 발명하고, 새로운 사냥 방법을 익히며, 새로운 법과 제도를 만드는 건 불가능했을 것입니다. 어쩌면 다른 힘센 동물들 사이에서 살아남지 못하고 멸종되었을지도 모르죠.

또 뉴턴이 사과를 보고 남들과 다르게 만유인력을 생각하지 않았다면, 그리고 갈릴레이와 코페르니쿠스가 남들과 다르게 지동설을 주장하지 않았다면 과학은 언제나 제자리걸음이었을 것입니다.

서로 다른 생각들이 부딪힐 때 조화를 이루기 위해 노력하고, 더 나은 방법을 찾기 위해 서로의 생각들을 보완해 나가면서 인간의 생각하는 힘은 점점 더 커지고 깊어졌습니다. 이처럼 모든 인간들이 모두 똑같은 생각만을 할 수 있다면 지금과 같은 문명을 꽃피울 수 없었을 것입니다.

인간은 생각하는 동물이라고 합니다. 생각할 수 있다는 것은 인간이 가진 가장 중요한 특징 중 하나입니다. 그러므로 누군가의 생각을 하찮게 여기거나 다른 사람의 생각을 통제하려는 것은 그 사람 전체를 부정하는 일이 될 수도 있습니다. 내 생각은 옳고 상대방의 생각은 틀렸다는 태도보다는 내 생각과 상대방의 생각이 서로 다름을 인정하는 태도를 길러야 합니다. 그것이 다른 사람을 나와 같은 인간으로 존중하기 위한 기본 도리니까요.

모든 사람들이 자신들의 자유로운 생각을 주고받으며 새로운 생각의 씨앗을 싹틔우는 멋진 세상에서 여러분도 소중한 생각을 마음껏 펼쳐 보세요.

종교 선택의 자유는 왜 필요한가요?

여러분은 어떤 종교를 믿나요? 흔히 세계 4대 종교라고 불리는 이슬람교, 개신교, 가톨릭, 불교 같은 종교를 믿는 사람도 있고 조금은 생소한 이름의 종교를 믿는 사람들도 있을 거예요. 또는 '나는 종교 따위 믿지 않아'라고 생각하고 아무런 종교 활동을 하지 않는 사람들도 있겠죠. 그런데 종교를 믿고 안 믿는 것은 누가 선택하는 걸까요?

만약, 여러분이 다니는 학교가 '용왕신'을 믿는 사람들이 세운 학교라고 해 봅시다. 이 학교에서는 모든 학생이 용왕신을 믿어야 하고, 공부 시간 이외에 용왕신을 위한 예배 시간과 용왕신의 말씀에 대해 배우는 시간에 꼭 참석해야 한다면 어떨까요? 만약 한 번이라도 예배 시간에 결석한 사람은 졸업을 할 수 없다고 한다면 어떨까요? 학교 학생 회장 선거에서 1년 이상 용왕신을 독실하게 믿은 사람만 후보 자격이 주어진다면 어떨까요? 무조건 예배에 참석해야 하는 학칙에 문제가 있다고 생각하여 바꾸는 일에 앞장섰다는 이유로 학교에서 쫓겨나게 된다면 어떨까요?

이런 황당한 일이 실제로 지난 2004년에 강의석 씨에게 일어났습니다. 그는 종교 단체가 세운 고등학교에 다녔습니다. 누구나 입학이 가능한 학교이지만, 학생들에게 종교 활동을 강요했고 종교 활동을 하지 않는 학생에게는 학생 회장 후보 자격을 주지 않았습니다. 이에 강의석 씨가 문제 제기를 하자 퇴학을 시켰죠. 여러분이 강의석 씨와 같은 상황에 처한다면 어떤 느낌이 들까요?

강의석씨는 이후 100일이 넘게 학교와 맞서면서 종교의 자유를 요구하는 사람들과 힘을 모았고 결국 학교에서 종교 선택의 자유를 얻게 되었습니다. 그리고 퇴학 결정도 취소되어서 자신이 원하는 대학교에 입학하게 되었죠. 이 사

건은 사람들에게 종교 선택의 자유가 얼마나 중요한 것인지 깨닫게 해 주는 계기가 되었습니다.

종교는 원시 시대에 처음 탄생한 이후 지금까지 발전해 왔습니다. 오늘날 전 세계 종교는 그 숫자가 4천여 개가 넘는다고 합니다. 그만큼 신앙의 종류도 다양합니다. 그러나 그 많은 신들 중 어떤 신을 섬길지 선택할 수 있는 사람은 오로지 자기 스스로뿐입니다. 아무리 종교가 발전했다고 하더라도 개인 스스로 선택한 믿음과 신념에서 신앙심이 비롯된다는 사실은 변함이 없기 때문이죠.

신앙심은 개인의 마음속에서 스스로 우러나와 생기는 마음입니다. 누군가가 강요할 수 있는 것이 아니에요. 그런데 어떤 사람들은 자신이 믿는 종교만이 진리이고 다른 종교들은 악이라고 주장합니다. 그래서 억지로 종교를 믿게 하거나 다른 사람이 믿는 종교를 공격하기도 합니다. 심지어 어떤 사람들은 지진이나 자연재해를 입은 사람들을 보며 자신들의 종교를 믿지 않아서 신이 벌을 내린 것이라고 황당한 주장을 하기도 합니다.

자신의 종교를 알리고 싶은 것은 독실한 신앙을 가진 사람이라면 당연한 것일지도 모릅니다. 하지만 그 방법이 강요와 공격, 허무맹랑한 주장을 통해서 억지로 사람들의 믿음을 바꾸려고 하는 행동이라면 그것은 진정한 종교인의 자세가 아닐 것입니다.

용왕을 믿든 나뭇가지를 신으로 섬기든 아니면 아무것도 믿지 않든 그것은 개인의 신앙 문제입니다. 그러나 부모님이 자녀들에게 자신들이 믿는 종교를 억지로 강요해서 종교 행사에 무조건 참석하게 하는 일, 학교에서 선생님들이 특정한 종교를 지지 또는 비난하는 발언을 하는 일, 국가가 국교로 정한 종교를 믿지 않는 사람들을 탄압하거나 선거권이나 정치에 참여할 권리를 박탈하는 일들이 종종 일어나곤 하죠. 이처럼 특정한 종교를 믿도록 억지로 강요하거나 그 종교를 믿지 않는다고 불이익을 준다면 이는 자신들의 종교를 알리는 선교가 아니라 폭력입니다. 개인 스스로 신앙을 선택할 자유를 뺏는 일이기도 하고요.

여러분은 어떤 믿음이 있나요? 그리고 그 믿음이 자유롭기 위해서 어떤 것들이 필요하다고 생각하나요?

서약서는 왜 자유를 침해하는 것일까요?

"앞으로 또다시 학교에서 문제를 일으키면 어떤 처벌도 달게 받겠습니다."

용우는 학교에서 쓴 각서 내용을 보면 마음이 무겁습니다. 용우가 각서를 쓴 까닭은 며칠 전 친구들과 복도에서 공놀이를 하다가 학교 현관 앞에 있던 커다란 거울을 깨뜨렸기 때문입니다.

용우도 친구들과 장난친 것은 잘못한 일이라고 생각하며 스스로도 깊이 반성했습니다. 하지만 각서는 한 장의 종이임에도 바윗덩이처럼 마음을 무겁게 내리누릅니다. 이 각서가 마치 앞으로의 모든 행동을 계속해서 감시할 것 같은 기분이 들기 때문입니다.

물론 용우가 복도에서 공놀이를 하고 거울을 깨뜨린 것은 잘못한 일입니다. 하지만 용우가 각서를 쓴 것은 올바른 처사였을까요? 용우는 왜 마음이 무거웠던 것일까요?

어떤 사람은 다시 장난을 치지 않겠다는 다짐을 다른 사람에게 증명해 보여야 하기 때문에 각서를 써야 한다고 생각합니다. 또, 이렇게 각서를 써야 다시는 똑같은 잘못을 하지 않을 것이라고 말하기도 합니다. 즉 각서를 써 놓아야 행동할 때마다 주의할 거라는 소리죠.

그런데 용우는 앞으로 잘못을 저지르지 않겠다고 한 다짐을 누군가에게 꼭 증명해 보여야 하는 걸까요? 내 생각을 표현할 자유가 있다면 반대로 내 생각을 표현하지 않을 자유는 없는 걸까요?

사람들이 어떤 생각을 가지고 있는지, 또는 생각을 어떻게 바꾸었는지를 강제로 확인하는 것은 마치 머릿속의 생각을 통제하겠다는 생각과 다름없습니다. 누군가 내 생각을 감시하고 있다고 생각한다면 자유롭게 생각할 수 없을 것입니다. 몸은 자유로워도 생각이 감옥에 갇힌 것과 다름없죠.

우리나라에서는 한때 '사상전향제도'라는 것이 있었습니다. 이것은 일제강점기 때부터 있었던 제도로, 독립운동가들을 탄압하기 위해 사용되었습니다. 일제는 감옥에 갇힌 독립운동가들에게 독립운동한 것을 반성하며 일제에 협력하겠다는 전향서*를 강제로 쓰도록 강요했고, 전향서를 거부하면 수많은 탄압을 했습니다. 이 사상전향제도는 이후에 우리나라 감옥에 있던 양심수*들에게도 요구되었습니다.

감옥에서 사상전향서를 쓰고 공개하는 것을 거부하는 양심수에게는 식사와 면회 그리고 운동 시간을 제한하고 가석방의 기회도 차

* **전향서** 본래 가지고 있던 사상이나 이념을 그와 반대되는 것으로 바꾸었다는 다짐을 기록한 것이다.
* **양심수** 정치, 종교, 윤리 등과 관련해 본인이 가지고 있는 사상이나 신념대로 행동했다가 감옥에 갇힌 사람이다.

단했습니다. 몸이 아픈 양심수들에게는 꾀병이라는 이유로 치료마저 거부했죠. 심지어 폭력 전과가 있는 일반 재소자들과 한 방에 넣어 양심수들을 괴롭히고 가족을 회유하기도 했습니다. 이러한 과정에서 몇몇 양심수들은 건강이 악화되어 끝내 감옥에서 숨을 거두기도 했죠.

1998년 사상전향제도가 폐지되기까지 수많은 양심수들은 자신의 생각이 바뀌었음을 강제로 증명해야 하는 상황에 처해 있었습니다. 이후 사상전향제도는 '준법서약서'라는 이름으로 바뀌었습니다. 준법서약서는 대한민국의 법과 질서를 위반하는 행동을 하지 않겠다는 공식적인 서약을 하라는 거예요. 많은 양심수들이 이 준법서약서를 쓰고 감옥에서 나왔지만 끝까지 거부한 양심수들도 많았답니다. 그 이유는 무엇 때문일까요? 준법서약서도 사상전향제도와 같이 모든 재소자에게 공통으로 적용되는 것이 아니라 양심수에게만 적용되는 것이었습니다. 게다가 개인의 생각을 증명하라고 강요하는 점은 생각과 양심의 자유를 침해하는 것이었죠.

이렇게 인권 침해 논란이 있던 준법서약서 제도는 2003년 7월 폐지되었습니다. 또한 2014년 5월 22일, 법원에서는 "사상전향제도는 수형자*들의 사상적 판단에 대한 표현을

강제하는 것으로서 양심의 자유를 침해하는 불법 행위"라며 사상전향제도에 의해 희생된 4명의 양심수 유족들에게 정부가 보상을 하라고 판결했습니다.

사상전향제도와 준법서약서는 이제 역사 속으로 사라졌지만 아직도 우리 사회에는 각종 서약서나 각서가 존재합니다. 건물 환경 미화 노동자에게 보안서약을 강요하기도 하고, 우리나라 기업이 세운 베트남 공장에서는 베트남 노동자에게 준법서약서를 강요하기도 합니다.

용우가 각서를 보며 마음이 무거웠던 이유는 바로 이렇게 생각을 강요당했기 때문입니다. 비록 용우가 쓴 각서는 사회적으로 큰 효력을 갖는 것은 아니지만, 각서를 씀으로써 자신의 생각을 증명해야 한다는 억압이 용우를 짓눌렀던 거예요.

여러분도 용우처럼 각서를 써 본 적이 있나요? 혹시 이렇게 생각을 바꾸도록 강요당하거나 증명하라는 강요를 받는다면 어떤 기분이 들까요? 혹시 그런 상황에 처한다면 자신이 가진 생각을 말하는 것도 그리고 말하지 않는 것도 오로지 나의 선택이어야 한다는 것을 생각해 보았으면 해요.

불온한 생각도 인정해야 할까요?

상상하기를 좋아하는 민수는 화가 날 때나 기쁠 때 머릿속에 자기만의 상상 나라를 만듭니다. 상상 나라에서는 자신을 혼냈던 선생님이 생쥐로 변하기도 하고 자신을 괴롭히던 형이 말 잘 듣는 강아지로 변하기도 합니다. 물론 민수가 상상한 내용은 현실에서 결코 이루어질 수 없습니다. 하지만 민수는 이런 상상을 하면 스트레스가 풀립니다.

사람들은 살아가면서 행복하고 즐거운 일만 생각하지 않습니다. 어떤 사람은 나쁜 마음을 갖기도 하고 어떤 사람은 시기와 질투를 하기도 합니다. 또 어떤 사람은 민수와 같이 엉뚱한 상상을 하기도 합니다. 어떤 생각이든 자유롭게 할 수 있죠.

그런데 도덕적으로 옳지 않은 생각도 자유롭게 할 수 있도록 인정해 주어야 할까요? 아니면 자유로 인정해서는 안 되는 걸까요?

만약 여러분이 경찰관이고 다른 사람의 생각을 읽을 수 있는 초능력을 가지고 있다고 생각해 봅시다. 그런데 순찰을 도는 도중 길거리에서 범죄를 생각하는 사람을 발견했습니다. 이럴 경우 그릇된 생각을 했다는 이유만으로 그를 처벌할 수 있을까요? 또 내가 가지고 있는 신념이나 가치관에 비추었을 때 어떤 사람이 완전히 다른 생각을 가졌다면 그 생각은 그릇된 걸까요? 차별하거나 부당하게 대우해도 되는 걸까요?

이에 대해 20세기 초 미국의 연방 대법원 대법관이었던 홈스는 아래와 같이 말했다고 합니다.

"사상의 자유와 원칙은 우리와 의견을 같이하는 사람들을 위한 것이 아니라, 우리가 증오하는 사상을 위한 것이다."

이 말은 무슨 뜻일까요? 생각과 양심의 자유는 나와 우리 사회의 사람들이 믿거나 옳다고 생각하는 생각만을 인정하는 게 아니라, 우리가 인정할 수 없는 생각이나 심지어 우리가 증오하는 생각들도 인정해야 한다고 말하는 것입니다.

물론 누군가 범죄를 저지른다면 그 행동에 대해 법에 따라 책임을 묻는 것은 필요합니다. 하지만, 단지 생각만 했다는 이유로 처벌하는 것은 당연히 불가능합니다.

그렇다면 대부분의 사람들이 옳다고 생각하는 생각이나 가치에 대해 다르게 생각하는 사람들의 경우는 어떨까요? 예를 들어 지난 2006년, 월드컵이 시작하고 그 열기에 우리나라 국민들이 모두 열광하고 있을 때 "월드컵 반대"를 외친 사람들이 있었습니다. 그들은 지난 2002년 한일 월드컵

때 강제적인 노점상 단속과 맹목적인 애국심 강요 등의 문
제점을 지적하며 2006년 월드컵 응원을 반대한다고 목소리
를 높였습니다. 이 사람들은 비난받아 마땅할까요?

　나와 생각이 다르다는 이유로, 나와 다른 가치를 믿는다
는 이유로 함부로 차별하거나 탄압해서는 안 됩니다. 생각
한다는 것은 개인의 고유한 권리이기 때문이죠. 또 내가 가
지고 있는 가치관이나 신념이 항상 절대적으로 옳은 것은
아니랍니다. 시대와 장소에 따라 옳고 그름을 판단하는 기

준은 변하니까요.

그럼에도 불구하고 사람들은 남과 다른 생각을 하는 사람들을 쉽게 존중하지 않는 경향이 있습니다. 심지어 국가나 공동체에서는 다른 생각을 가진 몇몇의 사람들을 탄압하기도 합니다. 일제 강점기에 독립을 주장한 사람들이 감옥에 갇히거나, 1970년대 박정희 대통령의 유신 독재를 비판하던 사람들이 감옥에 갇혔던 사례들처럼 말이죠. 그 당시 일본 제국주의나 독재 정권은 자신들의 정치에 대해 비판하면 불온한* 생각을 가진 사람이라고 탄압했습니다. 하지만 시간이 흐른 지금은 그 누구도 이 사람들의 생각을 불온하다고 말하지 않습니다.

> * 불온하다 사상이나 태도가 정치 체제나 통치 권력을 따르지 않고 맞서다.

나와 내가 속해 있는 공동체에서는 당연하고 정의롭다고 생각하는 것이 다른 누군가에게는 문제점투성이에 악한 것으로 여겨질 수도 있습니다. 만약, 서로 다른 생각에 대해 탄압하고 차별하지 않는다면, 생각의 자유를 인정하고 서로의 생각을 존중하다 보면 우리 사회에 진정으로 필요한 생각들을 함께 만들어 갈 수 있지 않을까요? 상대방의 생각이 평소에 진리와 정의라고 믿었던 것에 어긋나는 불온한 것이라도 말입니다.

'양심수'라는 말을 들어본 적이 있나요? 양심수는 감옥에 갇힌 어떤 사람들을 일컫는 말이랍니다. 그렇다면 감옥에서 죄를 뉘우치고 모범적인 생활을 하는 사람들일까요? 아닙니다. 그런 사람은 따로 모범수라고 부릅니다. 양심수는 정치적이나 종교적인 신념을 지키기 위해 감옥에 갇힌 사람들을 말합니다. 세계적인 인권운동단체인 엠네스티(국제사면위원회)에서는 양심수에 대한 정의를 다음과 같이 내리고 있습니다.

"폭력을 사용하지 않았음에도 불구하고, 자신의 정치적·종교적 신념, 인종, 성별, 피부색, 언어, 성적 지향성을 이유로 구속·수감된 모든 사람."

우리나라에서는 어떤 양심수들이 있었을까요? 일제강점기에는 일제의 지배에 저항하여 독립운동을 하거나 독립을 주장하다 감옥에 갇힌 사람들이 양심수였습니다. 해방 이후, 6·25전쟁 동안은 남한에서 공산주의 사상을 가지고 있었던 사람들이 양심수에 해당합니다. 1970~1980년대에는 독재 정권 시대에 저항하여 민주주의를 주장하던 사람들이 양심수였죠. 요즈음에는 평화를 위해 군대 입대를 거부하거나 종교적 신념으로 군대 입대를 거부한 양심적 병역 거부자들도 양심수에 해당합니다.

　남아프리카공화국에서 흑인 인권 운동을 하
다 투옥되어 약 27년 동안 감옥에 있었던 넬슨
만델라* 대통령과 미얀마에서 오랫동안 군부
독재에 저항하며 민주주의 운동을 하다 오랫동
안 투옥과 구금을 당했던 아웅산 수치* 여사도
대표적인 양심수입니다.

> ✱ 넬슨 만델라(Nelson
> Mandela, 1918~2013) 남
> 아프리카공화국 최초의 흑
> 인 대통령이자 흑인 인권 운
> 동가. 세계 인권 운동의 상
> 징적인 존재이다.
> ✱ 아웅산 수치(Aung San
> Suu Kyi, 1945~) 미얀마의
> 독립운동 지도자. 민주화 운
> 동을 벌이다 약 14년이라는
> 긴 시간 동안 가택 연금을
> 당하기도 했다.

양심수는 과거에만 존재할까요? 아니에요. 현재 전 세계에서 62개
국에 양심수들이 감옥에 갇혀 있죠. 우리나라에도 2012년 현재, 감옥
에 있는 양심수 숫자가 867명에 달한다고 합니다. 불온하다고 여겨지
는 생각도 열린 마음으로 받아들여 보세요. 더 나은 미래로 나아가기
위한 첫 단추를 꿰어 주는 훌륭한 생각일 수 있으니까요. 다른 생각을
한다는 이유로 양심수가 되어 고통 받는 사람이 없는 자유로운 세계를
꿈꿔 봅니다.

4장

표현의 자유는
왜 필요한가요?

자유롭게 표현한다는 것은 무엇을 의미할까요?

윤미는 오늘 담임 선생님께 심한 꾸중을 들었습니다. 복도 벽면에 수학여행 취소를 반대한다는 내용의 글을 적어서 붙였기 때문입니다. 윤미네 학교는 최근 옆 학교에서 수학여행 중 교통사고가 나자, 사고를 우려해 수학여행을 취소하기로 결정했습니다. 수학여행에서 친구들과 멋진 추억 만들기를 기대했던 윤미는 여간 실망을 한 게 아닙니다. 그래서 담임선생님께 여러 번 이야기를 해 보았지만 담임 선생님은 아무런 대답을 해 주지 않으셨습니다. 결국 윤미는 학교 복도마다 자신의 주장을 담은 벽보를 붙이게 되었죠.

"학교 허락도 없이 이런 벽보를 붙이는 건 큰 잘못이야!"

담임 선생님이 꾸중을 하시며 말씀하셨지만 윤미는 이해가 되지 않았습니다. 만약 벽보를 붙이겠다고 미리 허락을 구했어도 허락을 해 주지 않았을 게 분명했기 때문입니다.

그리고 자신의 주장을 벽보로 붙이는 것이 왜 잘못인지도 이해할 수 없었습니다.

여러분은 윤미의 행동에 대해 어떻게 생각하나요? 자신의 생각과 주장을 표현할 때 미리 허락을 받아야 할까요?

앞에서 생각은 사람마다 다르며, 생각하는 것은 인간이 가진 가장 중요한 특징 중 하나라고 이야기했었죠. 비록 그릇된 생각을 할지라도 생각하는 자유를 인정해야 한다고도 했습니다. 그런데 사람은 생각하는 것만으로 끝나지 않습니다. 누구나 생각이 자라나면 그것을 표현하고 싶어 하죠. 마음속으로만 생각을 하면 어떤 생각을 했는지 다른 사람들이 알 수 없기 때문입니다.

사람이 생각하는 게 자연스러운 일인 것처럼 그 생각을 표현하는 것 또한 자연스러운 일입니다. 그것은 인간의 자연스러운 욕구죠. 자신의 생각을 자유롭게 외치고 표현하는 것은 당연히 누려야 할 가장 중요한 자유 중 하나입니다.

윤미의 경우, 선생님께 수학여행에 대한 자신의 생각을 계속 이야기한 것도 표현의 한 방법이지만 학교 복도 벽에 벽보를 붙인 것도 표현의 방법 중 하나입니다. 윤미가 선생님께 이야기하는 것에 그치지 않고 벽보를 붙인 것은 자신의 생각을 표현해도 들어주려는 사람들이 없었기 때문입니다. 윤미는 자신의 생각을 다른 사람에게 알리기 위해 적극적으로 행동한 것뿐이죠.

누구나 다른 사람들에게 전달하고 싶은 생각이나 느낌이 있다면 자신이 원하는 방식으로 자유롭게 표현할 수 있어야 합니다. 말로 전달하는 것 이외에도 그 표현 방법은 무척 다양하죠. 자신이 느낀 감정을 다른 사람과 함께 나누고 싶다면 그림을 그리거나, 연주를 하거나, 글을 쓸 수 있습니다. 또 자신의 생각이나 주장을 알리고 싶다면 큰 소리로 외치거나, 벽보를 붙이거나, 신문과 잡지에 글을 투고하거나, 인터넷과 에스엔에스(SNS, 소셜 네트워크 서비스)를 이용하여 활동할 수도 있죠.

마찬가지로 사람들이 모여서 집회를 열고 시위하는 것도 매우 중요한 표현 방법 중 하나입니다. 정치나 사회 문제에 대해 같은 생각과 주장을 하는 사람들이 모여 자신의 생각을 널리 알리고 문제가 해결되도록 요구하기 위해 집회와 시위 등을 하는 것이기 때문입니다. 특히 민주주의 국가에서는 제대로 된 국민들의 의견을 반영하기 위해서라도 집회와 시위의 자유가 반드시 보장되어야 합니다.

그런데 만약, 자신의 생각을 표현할 수 있는 통로가 완전하게 가로막혀서 표현할 방법이 없거나 매우 제한된 방법

으로만 자신의 생각을 표현할 수 있다면 어떨까요? 또, 자신의 생각을 표현하는 작품들이 발표되기 전에 강제로 삭제되거나 발표할 기회를 박탈당하면 어떨까요? 사람들이 집회를 열고 시위하는 것이 금지되고 목소리를 높이는 사람을 잡아 가둔다면 어떨까요?

세상의 변화와 새로운 가치에 대한 고민, 함께 나누어야 할 예술의 감동은 이 세상에 존재하지 않을 것입니다. 그래서 사람들은 표현의 자유를 막는 것이 머릿속 생각을 감옥에 가두는 일과 같다고 이야기합니다. 몸이 자유롭고 생각이 자유롭기 위해서 표현의 자유는 반드시 누려야 할 인간의 기본적인 권리인 거죠.

검열은 왜 자유를 침해하나요?

서태지와 아이들은 1990년대 문화 대통령이라고 불리던 가수입니다. 그런데 1995년 9월, 서태지와 아이들의 4집 앨범이 나오기 전, 한국공연윤리위원회에서는 〈시대유감〉이라는 노래의 내용이 과격하고 현실을 부정한다는 이유로 가사를 바꾸라고 요구했습니다. 서태지와 아이들은 항의의 표시로 가사를 수정하지 않고 연주곡 형태로 이 노래를 앨범에 실었습니다. 혹시 이 노래를 들어본 적이 있나요? 정말 노래 가사에 심각한 문제가 있었을까요?

서태지와 아이들 이전에도 이러한 일들은 있었습니다. 포크송 가수였던 정태춘의 1978년 데뷔곡 〈시인의 마을〉은 한국공연윤리위원회 심의로 가사 내용이 바뀌게 되었습니다. 원래 '더운 열기의 세찬 바람'이었던 가사는 '맑은 한 줄기

산들바람'으로, '숨 가쁜 벗들의 말발굽 소리'는 '숨 가쁜 자연의 생명의 소리'로 바뀌었습니다. 이에 정태춘은 가요 사전심의 제도에 대한 반대 운동을 시작하였고 1990년 《아, 대한민국》, 1993년 《92년 장마, 종로에서》 등 심의를 받지 않는 음반을 내며 사전심의 폐지운동을 전개했습니다.

여러분도 〈시인의 마을〉의 가사가 바뀌어야 한다고 생각하나요? 정말 가사의 내용이 문제가 된다면 정부와 음반을 사서 음악을 듣는 사람들 중 누가 평가해야 할까요?

이렇게 음반을 발매하기 전에 가사 내용을 심의하고 그 내용을 바꾸게 하거나, 특정 노래를 아예 금지곡으로 지정하는 것을 검열이라고 합니다. 정부나 공권력은 검열을 통해 음반뿐만 아니라 신문, 잡지, 책, 라디오, 텔레비전, 그리고 영화 등 여러 가지 매체에서 표현하는 내용을 문제 삼아 공개되지 않도록 통제하고, 인터넷을 통해 특정 정보에 접속하는 것 자체를 막았죠.

서태지와 아이들의 〈시대유감〉같이 음반 발매나 출판 이전에 검열을 하여 내용을 수정하게 하거나 아예 발매와 출판을 금지시키는 것을 사전 검열이라고 하며, 이미 발매되거나 출판된 것을 금지곡, 금서로 지정해 사람들이 접할 수 없게 만드는 것을 사후 검열이라고 합니다.

우리나라에서는 한때 사전 검열의 형태인 사전심의 제도가 있었습니다. 이 제도 때문에 음반뿐 아니라 책, 신문, 영화 등의 여러 매체에서 사전심의를 거치지 않고는 출판이나 상영을 할 수 없었던 적도 있습니다. 1970년대에는 사후 검열로 이미 발매된 노래를 금지곡으로 지정하거나 출판한 책을 금서로 지정하여 폐기한 경우도 있었습니다.

지금껏 우리나라에서 검열을 해 왔던 정부는 검열의 이유가 국민 정서를 해치는 작품들을 선별하기 위해서라고 주장했습니다. 하지만 검열에 의해 금지된 노래나 영화, 책들을 보면 정부의 문제를 비판하는 경우나, 검열관의 개인적인 해석에 의해 이루어지는 경우가 대부분이었습니다. 이렇게 검열에 의해 금지되거나 잘린 일부 작품들은 아예 사람들이 접할 기회조차 없기 때문에 정당한 평가를 받을 수 없습니다. 예술가들은 더욱 참담한 심정이겠죠. 자신의 생각을 그대로 표현할 수도 없고, 그나마도 여기저기 가위질 당한 작품을 보며 자기 자신이 가위질을 당한 것 같은 느낌이었다고 토로하는 사람들도 많습니다.

사전 검열이든 사후 검열이든 모든 검열은 표현의 자유를 침해한다는 면에서 심각한 자유의 침해입니다. 검열 대상이 되는 예술 작품 속에는 그 작품을 만든 사람의 생각이 자유롭게 표현되어 있기 때문입니다. 국민의 목소리를 표현하는 기회가 보장된다는 민주주의 국가의 방침과도 어긋납니다. 그렇기 때문에 검열은 이 땅에서 사라져야 할 제도인 것이죠.

정태춘과 같이 사전 검열 반대를 해 오던 예술가들의 노력은 마침내 결실을 이루게 되었습니다. 서태지와 아이들의 〈시대유감〉을 계기로 변화를 요구하는 목소리에 힘이 실리게 되었기 때문이죠. 이 제도는 결국 1996년, 헌법재판소에서 '가요 사전심의는 헌법에 위배된다'라는 판결을 통해 폐지되었습니다. 이를 기념해 〈시대유감〉은 원래 모습 그대로 앨범이 다시 발매되었어요.

우리가 원하는 노래를 마음껏 듣고, 다양한 책을 읽으며, 영화를 볼 수 있는 것은 이런 검열 제도를 없애고자 했던 예술인들의 노력 덕분이랍니다.

집회와 시위는
왜 허가제가 아니라 신고제일까요?

집회와 시위는 여러 사람들이 모이거나, 어떤 특정한 행동을 같이하며 이루고 싶은 뜻을 표현하는 것을 말합니다. 폭력을 쓰지 않고 평화적으로 뜻을 표현하는 경우가 많은 데도 집회와 시위에 대해 부정적으로 생각하는 사람들이 많습니다. 뉴스를 통해 집회와 시위 때문에 교통이 혼잡하다는 소식, 특히 경찰과 시위대가 서로 맞서고 있다는 소식을 접하면 저절로 인상이 찌푸려지곤 하죠.

이러다 보니 집회와 시위에 대한 자유를 이야기하면 의아하게 생각하는 친구들도 많을 것입니다. "집회와 시위를 하는 것이 권리라니?" 하고 말이에요.

우리나라의 집회와 시위에 관한 법률에 따르면 집회와 시위는 신고제입니다. 정부에 미리 허가를 받아야 하는 허가제가 아니에요. 미리 신고를 하면 국가는 집회나 시위를 할 수 있도록 보장해 주어야 하는 거죠.

그런데 왜 집회와 시위는 신고제일까요? 우리나라 헌법 제21조는 다음과 같이 되어 있습니다.

❶ 모든 국민은 언론·출판의 자유와 집회·결사의 자유를 가진다.
❷ 언론 · 출판에 대한 허가나 검열과 집회·결사에 대한 허가는 인정되지 아니한다.

　이렇게 헌법을 살펴보면 모든 국민은 집회와 시위를 할 자유가 있으며 이는 정부가 허가하지 않아도 누릴 수 있어야 한다고 명시되어 있는 것을 알 수 있습니다. 즉 집회와 시위의 자유는 국민이 누릴 수 있는 가장 기본적인 권리라는 것입니다.

그래서 집회 및 시위에 관한 법률을 살펴보더라도 "누구든지 평화적인 집회와 시위를 방해하여서는 안 된다"라고 밝히고 있습니다. 만약 이를 위반하면 3년 이하의 징역에 처하고, 경찰관이 이를 위반할 경우에는 5년 이하의 징역에 처해지죠.

그렇다면 신고하지 않은 집회와 시위는 강제로 해산시킬 수 있을까요? 그렇지 않습니다. 대법원에서는 비록 신고를 하지 않은 집회라 하더라도 그 집회가 다른 사람들을 직접적으로 위협하지 않는 평화적인 모임이라면 강제로 해산시킬 수 없다고 판결했습니다.

하지만 우리나라의 집회와 시위에 제한이 없는 것은 아닙니다. 집회 및 시위에 관한 법률에 보면 폭력적인 집회일 경우, 도로 교통의 심각한 문제를 일으키는 경우, 집회 장소 주변에 살고 있는 사람들에게 큰 고통과 피해를 줄 경우, 학교와 군사시설 등에 심각한 피해를 줄 경우에는 집회를 제한할 수 있습니다. 또한 해가 진 이후부터 해뜨기 전까지는 집회를 신고할 수 없으며 국회의사당, 법원, 청와대 등의 정부기관과 각국의 대사관 건물 100미터 이내에서 집회와 시위를 할 수 없습니다.

많은 사람들이 집회 및 시위에 관한 법이 많은 제한을

두고 있으며, 이 법들이 집회나 시위를 막는 데 악용될 수 있다고 생각합니다. 실제로 미국이나 일본에서는 이와 관련된 조례를 두고 있지만, 집회를 제한하는 법률이 있지 않다는 것과 헌법으로 보장받는 권리 중 하나인 집회의 자유를 가로막는다는 이유로 집회 및 시위에 관한 법률의 폐지를 주장하는 사람들도 있습니다.

또 사람들은 집회 및 시위에 관한 법률의 문제점을 해결할 수 있는 새로운 방식의 시위 방법을 생각해 냈습니다. 그건 바로 1인 시위입니다. 이 시위를 처음 제안한 것은 시민 단체인 참여연대입니다.

참여연대는 2000년 당시 국세청에 대해 대기업 탈세에 대한 정확한 수사를 촉구하기 위한 집회를 하려고 했지만 당시 국세청이 온두라스 대사관 건물에 있었기 때문에 집회 신고가 접수되지 않았습니다. 이에 참여연대에서는 1인 시위를 준비하게 되었죠.

1인 시위는 집회 및 시위에 관한 법률에서 규정하는 시위의 조건, 즉 2인 이상의 집회에 해당하지 않기 때문에 특별한 법적 제한 없이 자유롭게 시위를 할 수 있는 방법입니다.

사람들이 이렇게 자신들의 목소리를 전달하는 새로운 방

식을 고민하고 실천하는 이유는 무엇일까요? 그것은 자신의 생각과 주장을 목소리 높여 외칠 수 있어야 살아 있는 사회 구성원으로 활동할 수 있기 때문입니다. 아무리 좋은 뜻이라도, 소수의 사람이 원하는 사회의 작은 변화라도 표현을 해야 알 수 있죠. 그리고 그 뜻을 부담 없이 표현할 수 있어야 해요.

현재보다 더 많은 사람들이 만족하며 살 수 있는 사회를 이루기 위해 아직도 많은 사람들이 집회와 시위의 온전한 자유를 위해 노력하고 있답니다.

언론의 자유는 왜 중요할까요?

언론이란 신문, 방송 등을 통해 어떤 사실을 밝혀 알리거나 어떤 문제에 대하여 여론을 형성하는 활동을 말합니다. 방송사와 신문사, 잡지사 등이 바로 언론 기관에 해당합니다. 그런데 언론이 자유롭다는 것은 어떤 의미일까요? 그리고 언론이 자유롭지 않다면 어떤 문제가 생길까요?

1974년 12월, 동아일보에는 한동안 신문 기사 이외에 아무 광고도 없는 신문이 발행되었습니다. 광고는 신문사 제정에 가장 중요한 수입원입니다. 그런데 광고 없이 신문이 나간 이유는 무엇 때문일까요? 당시 박정희 유신독재 정부는 모든 신문사에 정부를 비판하는 신문 기사를 싣지 못하게 했고 기사문의 문장 하나, 낱말 하나까지 검열을 했습니다. 결국 많은 언론들이 정부가 원하는 대로 기사를 내보낼 수밖에 없었죠.

이런 언론사의 태도에 분노한 학생들이 동아일보사 앞에서 동아일보를 불태우며 언론의 보도를 비판했습니다. 양심적인 동아일보 기자들은 정부의 검열과 기자들을 연행하는 것에 대한 항의와 공정한 기사를 쓸 것을 주장하며 '자유언론수호대회'를 엽니다. 언론의 자유를 거스르는 그 어떤 억압에도 굴하지 않겠다는 내용의 결의문을 발표한 것이죠. 그리고 이때부터 동아일보에는 인권 문제와 유신독재 정부를 비판하는 신문 기사가 실렸습니다.

이에 정부에서는 동아일보를 길들이기 위해 동아일보에 광고를 주던 기업들이 광고를 싣지 못하도록 압력을 넣었습니다. 하지만 뜻을 굽히지 않은 동아일보는 결국 광고가 없는 백지 상태의 신문을 발행했죠. 이 사태를 지켜본 국민들은 성금을 보내거나 작은 광고를 요청하며 동아일보가 정부의 언론 탄압에 힘을 잃지 않도록 격려와 지지를 보냈습니다. 이때 국민들의 격려 광고는 총 1만 352건이나 되었다고 합니다.

하지만 정부의 집요한 탄압에 견디지 못한 신문사는 자유언론수호대회에 참여한 동아일보 기자를 1975년 강제로 해고시키고 항의하는 기자들은 폭력배를 동원하여 강제로 해산시켰습니다.

또, 1980년에는 군사 반란으로 정권을 차지한 전두환 독재 정부가 기존에 있던 방송사와 신문사들 중에 자신의 입맛에 맞는 일부 언론사만 남겨 놓고 모두 통폐합시켰습니다. 이때에도 많은 기자들이 해고를 당했죠. 하지만 해직된 기자들은 포기하지 않고 언론의 자유를 위한 기나긴 싸움을 시작했습니다.

이러한 노력들과 1987년 민주화 운동의 열망이 모인 결과 1988년, 해직된 기자들과 국민들 2만 7,223명의 성금으로 새로운 신문이 창간하게 됩니다.

위의 사례는 언론의 자유가 보장되지 않으면 어떤 일이 발생하는지, 왜 언론이 자유로워야 하는지를 우리에게 알려 주는 중요한 역사적 사건입니다.

지금은 정부에 의해 언론이 통제되거나 검열을 하는 시대는 아닙니다. 하지만 여전히 언론의 자유를 침해하는 일

들이 생길 수 있습니다. 기업의 광고를 주요 수입원으로 하는 언론의 특성상 광고비를 내는 기업의 입장이나 요구가 또 다른 언론의 자유를 침해하는 사례가 되기도 합니다. 이와 더불어 선정적인 기사를 내서 이윤만을 추구하려고 하거나, 공정하지 않은 편파적인 기사 또는 문제를 부풀리거나 은폐하는 방식의 기사를 내보내는 언론들도 언론의 자유를 가로막는 문제점이 되기도 합니다.

해마다 '국경 없는 기자회'라는 국제 기자 단체는 국가에 따른 언론의 자유 순위를 매깁니다. 이를 '세계 언론 자유 지수'라고 부르는데 이 순위는 국경 없는 기자회의 협력 단체, 관련 전문가, 판사, 인권 활동가 등에게 설문 조사 항목을 보내고 이를 기준으로 만들어집니다.

보통 언론의 자유도가 높은 국가로는 핀란드, 노르웨이, 아일랜드, 스웨덴, 덴마크 등을 들 수 있습니다. 반면, 에리트레아, 북한, 투르크메니스탄, 이란, 미얀마 등은 대표적인 언론 자유가 없는 나라로 선정되었죠. 그럼 우리나라의 언론 자유 지수는 어느 정도일까요? 2015년 2월, 국경 없는 기자회가 발표한 세계 언론 자유 지수를 살펴보면 한국은 60위로, 부분적으로만 언론의 자유가 인정되는 국가로 평가받고 있습니다.

언론의 자유를 만드는 것은 단지 언론사와 기자들만의 역할이 아닙니다. 1970년대 동아일보의 언론 자유를 위해 광고를 실은 국민들처럼 언론 자유에 대한 사람들의 관심과 지지가 함께해야 합니다. 그래야 언론이 자유롭게 자신의 목소리를 낼 수 있을 테니까요.

금지곡이란?

금지곡이란 국가에서 사회적으로 맞지 않는다고 판단해서 부르거나 듣는 것을 전면적으로 금지한 노래를 말합니다.

우리나라 최초의 금지곡은 〈여수야화〉입니다. '여순 반란 사건'*의 비극을 진솔하게 담은 노래였는데, 1948년 이승만 정권에 의해 금지곡이 되었죠. 그 이후의 금지곡들은 1970년대 박정희 정권이 유신 독재를 하면서 정한 것들입니다.

금지곡의 이유는 매우 다양하고 황당하기조차 합니다. 송창식의 〈왜 불러〉는 반말인 노래 가사 때문에 금지곡이 되었고, 이장희의 〈그건 너〉라는 노래는 남에게 책임을 넘긴다는 이유로, 이금희의 〈키다리 미스터 김〉은 당시, 키가 작았던 박정희 대통령의 심기를 거슬린다는 이유로 방송사들이 알아서 금지곡으로 정했다고 합니다. 한대수의 〈물 좀 주소〉는 당시 자행되던 물고문이 연상된다는 이유로, 배호의 〈0시의 이별〉은 당시 있었던 통행금지를 어기는 제목이란 이유로, 김민기의 〈아침 이슬〉은 가사 중 '붉게 타오르는 태양'이란 부분이 불온하다는 이유로 각각 금지곡이 되었습니다.

★ 여순 반란 사건 1948년 10월, 여수 지역에 주둔하고 있던 한 국군 부대가 반란을 일으켰다. 정부 진압군은 이를 진압하는 과정에서 수천 명의 여수 시민들을 처참히 죽이고 말았다.

이렇게 독재 정권이 기를 쓰고 금지했던 노래들의 운명은 어떻게 되었을까요? 모두 사라져 버렸을까요? 아닙니다. 금지곡들은 여전히 사람들의 입에서 입으로 불리어졌고, 독재 정권이 사라진 지금까지도 여전히 사랑받는 노래들로 남아 있습니다.

국가가 마음대로 금지곡을 정하여 아예 듣거나 부르지 못하게 하는 시대는 이제 지났습니다. 하지만 오늘날에도 매스컴을 통해 모든 노래를 들을 수 있는 것은 아닙니다. 방송 불가 판정을 받아 텔레비전이나 라디오에서 들을 수 없는 노래들이 있기 때문이죠. 이러한 노래들은 가사 내용이 선정적이거나 욕설이 섞였거나 아니면 폭력적인 내용이 드러나는 곡들이랍니다. 방송이 미치는 사회적 영향력이 매우 크기 때문에, 표현의 자유를 침해하지 않는 수준에서, 평범한 사람들의 보편적인 의식과 눈높이에 맞춰 심의 기준에 따라 방송 불가 판정을 내리는 거예요.

5장

청소년은 어떤 자유를 누려야 하나요?

청소년은 미성숙한 존재일까요?

"너희들은 어려서 몰라도 돼!"
"너희들이 해 봤자 뭘 할 수 있다고 그래?"

흔히, 어른들이 청소년인 여러분에게 종종 하는 말이죠. 이런 어른들의 말 속에는 청소년이 미숙한 존재라는 의미가 포함되어 있습니다. 물론 청소년이 어른들보다 살아온 햇수가 적기 때문에 경험이 부족한 것은 당연합니다. 하지만 나이가 적고 경험이 부족하므로, 모든 청소년은 미숙한 존재일까요?

그리고 어른들의 이런 말처럼 청소년은 어리니까 자신을 둘러싼 환경이 어떻게 돌아가고 있는지 자세하게 알 필요도 없고, 그저 어른들이 해결해 줄 때까지 잠자코 기다려야 할까요? 여러분은 어떻게 생각하나요?

문화이론가 스튜어트 홀*은 청소년기의 급격한 호르몬의 증가가 청소년을 충동적이고 미숙하게 만든다는 주장을 했습니다. 반면 인류학자인 마가렛 미드*는 청소년의 미성숙은 사회가 만드는 것으로, 청소년기에 사회에서 과도한 억압과 압력이 가해지면 청소년들의 행동을 부정적으로 만든다고 주장했습니다.

상반된 두 주장처럼 우리 사회에서도 청소년은 미성숙한 존재이므로 어른들의 간섭과 보호가 필요하다는 주장과 청소년을 미성숙하다고 생각하며 스스로의 문제에 대한 의사결정을 가로막고 제한함으로써 오히려 더 미성숙한 존재로 만든다는 주장이 계속되고 있습니다.

그런데 정말 성숙과 미성숙을 나이로 구분할 수 있을까요? '성숙하다'라는 말은 몸과 마음이 자라서 어른스럽게 된다는 뜻입니다. 그렇다면 어른스럽다는 것은 어떤 것일까요? 어른스러움의 기준은 나이일까요? 오히려 행동이나 생각 그리고 그에 따른 태도를 통해서 '성숙하다' 또는 '성숙하지 않다'라고 판단할 수 있을 것입니다.

여러분 주변에 있는 사람들을 떠올려 보세요. 아마 어른스럽지 못한 행동을 하는 어른이 있는 반면 생각이 깊고 행동이 어른스러운 또래 친구도 있다는 것을 쉽게 알 수 있을 거예요. 즉, 나이가 아무리 많이 들었어도 성숙하지 못한 사람이 존재하며, 나이가 어리더라도 성숙한 사람이 존재해요. 이처럼 성숙과 미성숙은 나이를 기준 삼아 판단할 수 있는 것이 아닙니다.

다른 측면으로 생각을 해 볼까요? 어떤 사람들은 나이가 많아도 다른 사람들을 만나고 친분을 쌓는 것이 서툽니다. 어떤 사람은 나이가 어려도 사람과의 만남에 능숙하고 자연스럽죠. 이것은 나이가 아니라 경험의 차이에 따라 다른 것입니다. 물론 개인의 성격 차이도 영향을 주겠지만 일반적으로 경험이 많을수록 능숙해지고 성숙해집니다.

그러므로 청소년들이 성숙을 위한 경험을 쌓으려면 먼저 어른들의 보호와 지나친 관심, 통제에서 벗어날 수 있어야 합니다. 어렵고 쉽지 않은 일에 도전하며 얻는 경험이 많을수록 더 성숙해지기 때문입니다. 그러기 위해서는 청소년들에게 많은 기회가 보장되어야 합니다.

여러분 스스로를 미성숙한 존재라고 여기고 '어른의 간

섭과 도움이 반드시 필요하다', '무슨 일이든 어른들의 허락을 받아야 한다'라는 생각들이 많아지면 그에 따라 경험하고 도전해 볼 기회도 줄어들게 됩니다. 물론 어른들의 선택에 따르면 위험이나 실패를 피할 수도 있죠. 하지만 스스로 판단해서 행동하는 경험과 도전의 기회가 줄어들면 줄어들수록 당연히 미성숙해질 수밖에 없습니다. 결국 병아리가 달걀을 깨고 나와야 세상을 만날 수 있는 것처럼 여러분도 어른들의 보호에서 벗어나 혼자의 힘으로 한 걸음을 더 내딛지 않는다면 미성숙함은 계속 악순환될 수밖에 없습니다.

물론 어른들의 생각도 바뀌어야 합니다. "너희들은 몰라도 돼!"가 아니라 이해하기 쉽게 충분한 정보를 제공한다면 여러분 스스로 현명한 판단을 내릴 수 있겠죠. 실수하고 고통받을 것이 두려워 도전을 가로막는 게 늘 도움이 되지는 않아요. 실수를 통해서 더 성숙해질 수도 있으니까요. "너희들이 해 봤자 뭘 하겠어?"라는 말보다 "실수해도 좋으니까 네가 하고 싶은 대로 해 봐!"라는 말이 청소년인 여러분을 더욱 성숙하게 만들 것입니다. 자유를 경험하고 동등하게 대우받을수록 청소년은 책임 있는 사회의 일원이 될 테니까요.

청소년의 자기 결정권이란 무엇일까요?

여러분은 누구의 허락도 받지 않고 스스로 결정하는 것이 있나요? 학교나 가정에서 청소년인 여러분이 어른의 허락이나 간섭을 받지 않고 스스로 결정하여 책임을 지는 일들은 어떤 것이 있을까요?

자신이 원하는 진로를 선택하는 것, 자신의 몸을 치장하는 것, 자신이 다니고 있는 학교 학칙을 바꾸는 데 참여하는 것, 자신의 개인 정보를 공개하거나 혹은 공개하지 않는 것, 자신이 가고 싶은 대학을 선택하는 것, 휴식과 놀이의 종류를 스스로 선택하는 것, 공부 시간이나 공부의 양을 스스로 결정하는 것, 연애를 하거나 연애의 대상을 정하는 것, 공부할 학원을 정하는 것 등 여러 가지 생활 속 판단을 여러분은 스스로 결정하고 있나요? 아니면 부모님의 결정을 따르나요?

여러분 중 대다수가 스스로 결정하고 책임져 본 경험이 별로 없을 거예요. 어른들은 청소년을 항상 보호의 대상으로 보기 때문입니다. 이러한 상황에 대해 청소년 인권 보장을 요구하는 사람들은 청소년의 자기 결정권이 아직 보장되지 않았다고 입을 모읍니다. 여기서 청소년의 자기 결정권은 무엇일까요?

자기 결정권은 헌법 제10조 "모든 국민은 인간으로서의 존엄과 가치를 가지며, 행복을 추구할 권리를 가진다. 국가는 개인이 가지는 불가침의 기본적 인권을 확인하고 이를 보장할 의무를 진다"라는 조항에서 출발한 권리로, 국가 권력의 간섭 없이 스스로 결정할 수 있는 권리를 의미합니다. 즉 청소년의 자기 결정권은 청소년이 다른 사람에게 해를 끼치지 않는 선에서 자신과 관련된 일에 대해 스스로 결정할 수 있는 권리를 말합니다.

우리나라 청소년들은 자기 결정권을 얼마나 행사하고 있을까요? 어리다는 이유로, 미성숙하다는 이유로 또는 보호를 해야 한다는 이유로 청소년들의 자기 결정권은 무시당하기 일쑤입니다. 사회를 비판한 내용도 청소년에게는 밝고 건강한 것만 알려 줘야 한다는 논리로 제한하는 경우가 비일비재하죠.

자신의 진학과 진로를 선택하는 과정에서도 마찬가지입니다. 부모님을 비롯한 어른들은 청소년들의 선택과 결정을 무시하는 경우가 많죠. 유영이는 성적이 무척 좋습니다. 학교에서 시험을 보면 늘 전교 1등을 도맡아 하곤 하죠. 피아노 치는 걸 무척 좋아하는 유영이는 피아니스트가 되는 게

꿈입니다. 유영이가 꿈 이야기를 할 때마다 부모님은 "네가 아직 어려서 잘 모르나 본데"라고 하며 유영이에게 의사가 되라고 합니다.

"네가 성적이 안 되는 것도 아니고, 의사가 되면 미래가 탄탄하잖니?"

유영이가 부모님의 말씀에 따라 의사가 된다면 과연 행복할까요? 그리고 부모님이 계속 반대한다면 유영이는 자기 결정권을 행사하며 피아니스트가 될 수 있을까요?

유영이처럼 언제나 보호의 대상이 되고, 대리자인 부모나 어른들의 판단과 결정에 따라야 하는 처지에 있는 청소년들 입장에서 스스로 판단하고 결정하는 자유를 마음껏 누리고 있다고 말할 수는 없을 것입니다.

청소년의 자기 결정권을 이야기하면 가장 논쟁이 되는 것이 성적 자기 결정권입니다. 청소년의 성적 자기 결정권에 대해 우려를 나타내는 사람들은 청소년이 성적으로 미숙하며 성적 착취에 대상이 된다고 생각합니다. 그렇기에 성적 자기 결정권을 제한해야 한다고 주장하죠. 실제로 중고등학교 중에는 학생들의 연애를 금지하거나, 팔짱을 끼는 정도의 애정 표현도 금지하는 학칙이 존재하는 곳도 있습니다.

이렇게 청소년의 성적 자기 결정권 행사에 대한 우려의 목소리는 나이가 어리면 미성숙하고, 미성숙하면 성에 대해 무비판적이며 충동적이라고 일반화하여 판단하기 때문에 생겨납니다. 하지만 통계청 자료(2012)를 보더라도 성인에 의한 성범죄 건수는 청소년 성범죄에 비해 열 배가 넘고 그중 가장 많은 연령대는 41~45세 사이의 성인입니다. 이 연령대의 성범죄 비율은 청소년 전체 성범죄 발생 건수보다 무려 세 배나 높습니다. 이는 나이가 어릴수록 성에 대해 무비판적이고 충동적이라는 주장이 그리 설득적이지 않다는 것을 말합니다.

또한 청소년의 성적 자기 결정권은 단지 성적 행위의 자유를 말하는 게 아닙니다. 오히려 성적 자기 결정권은 청소년이 자신의 성과 성 정체성에 대해 스스로 깨닫고, 제대로 알 수 있도록 정보를 공유하며, 교육의 기회를 요구할 수 있는 권리까지를 포함합니다. 그리고 이를 위한 사회적 책임을 보장받는 것도 함께 이야기하고 있죠.

스스로 결정하고 스스로 책임질 수 있는 사람만이 자유와 책임의 참의미를 알 수 있습니다. 청소년의 자기 결정권을 보장한다는 것은 청소년을 내일의 주인공이 아니라, 어른과 함께 살아가는 오늘의 주인공으로 인정하는 첫 걸음이 될 것입니다.

선거 연령은 왜 낮추어야 할까요?

선거일은 여러분에게 어떤 날인가요? 그냥 하루 쉬는 날인
가요? 아니면 어른들의 투표하는 모습과 투표소를 구경하
는 날인가요? 민주주의에서 가장 중요한 권리 행사 중에
하나가 바로 선거입니다. 자신을 대신해서 올바른 정치를
할 수 있는 인물을 선출하는 방법이기도 하고 본인이 직접
국민의 대표로 나갈 수 있는 기회이기 때문입니다.

　선거를 한다는 것은 그 사회에서 정치적인 활동을 인정
받는 중요한 권리입니다. 지금 우리나라는 일정한 나이가
되면 누구나 선거할 수 있는 권리가 주어지지만, 시대에 따
라 그 조건은 달랐답니다. 직접 민주주의를 했던 고대 그리
스에서는 여성과 노예에게 투표할 권리를 주지 않았습니다.
당시 아테네 사람들은 여성과 노예를 동등한 인간으로 생
각하지 않기 때문입니다.

　여성이 최초로 정치에 참여할 수 있게 된 것은 1893년,
뉴질랜드에서였습니다. 하지만 이때에도 선거에 참여할 수

있는 선거권만 주어졌을 뿐, 정치인이 될 수 있는 피선거권은 주어지지 않았습니다.

민주주의의 선진국이라고 하는 영국도 1918년 30세 이상의 여성에게 처음으로 선거권과 피선거권을 인정했고, 미국은 1920년이 되어서야 여성에게 선거권과 피선거권을 주었습니다.

우리나라는 1948년에 제정된 제헌 헌법에서 만 21세로 선거 연령을 정했습니다. 이후 4·19혁명으로 이승만 정권이 물러난 뒤 만 20세로 선거 연령이 낮아졌고, 2006년 지방선거의 선거법이 개정되어 남녀 구분 없이 만 19세에게 선거권을 부여하고 있습니다.

다른 나라의 선거연령은 어떨까요? 2008년 기준으로 전 세계 187개국의 나라 중 선거 연령이 만 18세 이상인 나라는 144개국으로, 전체 국가의 77퍼센트를 차지합니다.

선거 연령이 가장 낮은 나라는 오스트리아로, 만 16세 이상부터 선거에 참여할 수 있습니다. 즉 고등학생부터 선거 참여가 가능하죠.

미국은 1971년 헌법을 고치면서 선거 연령을 만 18세로 낮추었습니다. 그 배경에는 베트남 전쟁이 있습니다. 당시 미국의 선거 연령은 만 21세였다고 합니다. 그런데 제2차

세계 대전이 일어나자 미국은 징병 대상 연령을 18세로 줄였습니다. 이어 베트남 전쟁에서도 선거권을 가지고 있는 21세의 젊은이들보다 더 어린 사람들이 전쟁에 참여하게 되었습니다. 이에 미국 사람들은 전쟁과 같이 국가를 위해 희생이 필요한 일에는 18세가 된 젊은이들을 참여시키면서 정작 국가의 중요한 일을 결정짓는 선거권은 주지 않는 현실에 대해 문제 제기를 했습니다. 그리고 결국 18세 이상인 사람들이 선거를 할 수 있도록 헌법이 수정되었죠.

우리나라에서도 선거 연령을 만 18세로 줄이자는 주장이 꾸준하게 제기되고 있습니다. 특히 각 시도 교육청의 교육감이 선거를 통해 선출되고 나서부터 이러한 주장들은 더욱더 힘을 얻고 있습니다. 교육감의 정책이 청소년 교육과 생활에 밀접한 관계를 가지고 있음에도 정작 청소년들에게 교육감을 직접 선택할 수 있는 기회를 박탈하는 것은 문제라고 생각하는 사람들이 늘어났기 때문이죠.

이런 분위기 속에서 지난 2013년 8월, 국가인권위원회가 '만 19세 미만에게 선거권을 주지 않는 선거법은 위법'이라며 헌법 소원을 제기했습니다. 그러나 헌법재판소는 19세 이상에게 선거권을 주는 기존의 법률에 문제가 없다는 합헌 결정을 내렸습니다. 만 19세 미만의 청소년은 아직 정치

적·사회적 고찰이 이루어지지 않은 미성숙한 상태라는 게
이유였습니다.

비록 헌법재판소에서 합헌 결정이 내려졌지만 여전히 선거 연령을 낮추려는 목소리들은 꾸준히 계속되고 있습니다. 사람들은 주민등록증을 17세에 발급하고, 운전면허와 공무원 시험 기준, 결혼도 18세면 가능하다고 보장하는 상태에서 선거에 대해서만 19세로 제한하는 것은 잘못된 것이라고 입을 모읍니다.

현재 미국을 비롯한 유럽의 여러 나라에서는 선거 연령을 16세로 낮추기 위한 연구를 진행 중입니다. 그런데 무엇때문에 선거 연령을 낮추려는 움직임들이 생긴 걸까요?

첫 번째 이유는 청소년들을 정치적인 견해와 판단을 할수 있는 주체가 아니라고 인식하던 예전과 달리 그들의 정치 표현과 정치적인 판단에 대해 존중하고 인정해야 한다는 주장이 설득력을 얻고 있기 때문입니다.

두 번째 이유는 선거 연령을 낮추는 것이 민주주의를 확대하려는 노력과 맞닿아 있기 때문입니다. 모든 사람은 태어난 신분이나 지위와 상관없이 정치에 참여할 자유를 누려야 합니다. 이 같은 민주주의의 가치를 실현시키기 위해서는 더 많은 사람들이 동등하게 선거에 참여할 수 있도록 기회를 주는 것이 마땅합니다.

청소년의 참여가 필요한 이유는 무엇일까요?

유영이는 전교 학생 회장입니다. 선거에서 당당히 당선되었을 때만 해도 매우 기뻐하며 자신을 뽑아 준 친구들을 위해 자신이 내세운 공약을 열심히 실천하겠다고 다짐했죠. 그런데 당선된 다음 날부터 유영이는 큰 고민에 빠졌습니다.

유영이의 공약 중에는 화장실 칸마다 화장지를 비치하겠다는 내용이 있습니다. 이를 지키기 위해 선생님들께 의논드리자, 선생님들은 학교에 그만한 돈이 없는 데다 화장실 칸마다 화장지를 비치하면 낭비가 너무 심해지기 때문에 안 된다고 말했습니다. 유영이는 화장실 칸마다 화장지를 비치하려면 돈이 얼마나 드는지 알려 달라고 요청했고 화장지를 아껴 쓸 수 있도록 캠페인을 벌이겠다고 했습니다. 하지만 선생님들은 안 된다는 말만 되풀이할 뿐이었습니다.

유영이는 하는 수 없이 학교운영위원회에 참석해서 공약에 대해 이야기하려고 했습니다. 그러나 학생 회장은 학교운영위원 자격이 없다는 것이었습니다. 결국 유영이가 공약을 위해 할 수 있는 것은 아무것도 없었습니다. 유영이가 할 수 있는 일은 단지 학교 행사에 참석해 대표로 상장을

받고 사회를 보는 것이 전부였죠. 유영이는 학생 회장을 하려 했던 자신이 원망스러워졌습니다.

여러분이 유영이라면 어떻게 하겠어요? 그리고 학교에서 자치 활동을 한다는 것은 어떤 의미일까요? 여러분은 어른들에게 '학교의 주인은 학생'이라는 말을 많이 들었을 거예요. 그런데 정말 학생이 주인으로서 인정받고 있을까요?

학교의 주인이라면 학교에서 일어나는 여러 문제에 대해

제대로 된 정보를 받을 수 있어야 합니다. 그리고 학교에서 결정되는 사항에 대해 자신의 의견을 말할 수 있어야 하죠. 유영이와 같이 학교의 상황에 대한 정보도 자세히 얻지 못하고 학생들을 대표해서 이야기할 수 있는 기회도 없다면 진정한 주인으로 인정받고 있다고 할 수 없을 것입니다.

학교에서뿐만 아니라, 가정에서도 어린이와 청소년의 목소리는 손쉽게 무시당합니다. 유엔아동권리협약에서는 어린이와 청소년이 자신과 관계있는 정보를 접하고, 자신과 관련된 일에 의견을 표현할 수 있어야 하며, 스스로 목소리를 높일 수 있는 모임을 만들 권리를 보장해야 한다고 명시하고 있습니다. 이것이 바로 참여할 권리입니다. 어린이와 청소년은 참여를 통해서 자신의 문제를 제대로 살피고, 해결하는 힘을 기를 수 있어야 하며, 다양한 참여를 통해 성장해 나가야만 당당한 사회 구성원으로 제 역할을 할 수 있습니다.

그래서 학생 인권조례나 어린이 · 청소년 인권조례에서도 청소년의 참여권을 매우 중요하게 다루고 있습니다. 특히 학생 인권조례에서는 학교 규칙을 정할 때 학생들의 의견을 충분히 수렴하는 절차를 거치도록 명시되어 있으며, 학생들의 동아리 활동이나 학생회 활동 등이 제대로 유지

될 수 있도록 학교가 적극적으로 지원해야 함을 밝히고 있습니다. 아울러 학교운영위원회와 같이 학교운영 전반을 논의하는 자리에는 학생 대표가 참석하여 목소리를 낼 수 있는 권리도 보장하고 있습니다.

아직 어린 청소년들이 뭘 잘 할 수 있겠냐고요? 사실 청소년들의 참여가 보장되면 많은 것들이 변화될 수 있습니다.

지난 2012년 국립중앙박물관을 견학 온 수송 초등학교 학생들은 박물관에 마땅히 식사를 할 실내 공간이 없다는 것을 알게 되었습니다. 그래서 학생들은 국립중앙박물관에 도시락을 먹을 수 있는 공간을 마련해 달라고 민원을 넣었죠. 그러나 국립중앙박물관은 학생들의 이야기를 들어주지 않았습니다. 학생들은 포기하지 않고 정확한 실태 조사를 위해 국립중앙박물관을 몇 차례 더 방문했습니다. 또 다른 반 친구들에게 설문 조사를 하는 등 차근차근 박물관을 변화시킬 준비를 했습니다.

학생들은 다른 박물관의 시설도 알아보고 박물관장에게 편지를 썼습니다. 신문사에 이 사실을 알리는 일도 게을리하지 않았죠. 6개월의 걸친 이들의 노력 덕분에 박물관 체험 교실 중 한 곳을 식사할 수 있는 공간으로 활용하겠다는 박물관장의 답변을 받을 수 있었습니다. 이처럼 학생들의 꾸준한 참여와 활동은 어른들도 생각하지 못했던 문제점을 찾아내고 해결할 수 있는 힘이 됩니다. 결국, 청소년의 참여가 많아지면 많아질수록 세상은 청소년의 삶에 대해 관심을 기울이고 청소년의 목소리를 소중히 귀담아 듣게 될 것입니다.

학생 인권조례는 학교 현장에서 학생의 존엄과 가치, 자유와 권리를 보장하기 위해 우리나라의 교육청에서 제정한 조례를 말합니다.

첫 번째 학생 인권조례는 경기도 교육청에서 2010년 10월 5일에 처음으로 공포하였고 이어 광주시교육청, 서울시교육청, 전라북도교육청에서 각각 학생 인권조례가 제정되었습니다. 학생 인권조례에는 학교에서 학생들이 차별받지 않을 권리, 폭력 · 체벌로부터 자유로울 권리, 두발 · 복장 등의 자유화, 양심 · 종교의 자유 보장, 집회의 자유 및 표현의 자유, 소수 학생의 권리 보장 등을 명시했습니다. 또한 이를 실현시키기 위해 학생 인권옹호관 등 학생 인권 보장을 위한 제도를 마련하고 학생 인권 교육을 의무화할 것을 그 내용으로 하고 있죠.

어린이 · 청소년 인권조례는 2012년 11월 1일 서울시에서 처음 제정한 조례로 서울시의 어린이 · 청소년의 인권 보장을 목적으로 만들어졌습니다.

어린이 · 청소년 인권조례는 서울시에서 보장해야 할 어린이와 청소년의 권리를 명시하고 있습니다. 그 권리란 건강하고 알맞은 환경에서 보호받을 권리, 폭력과 위험에서 자유로울 권리, 양심 표현의 자유를 누릴 권리, 사생활의 자유와 정보 보호의 권리, 교육 · 문화 · 복지에 관한 권리,

노동에 관한 권리, 자기 결정권 및 참여에 관한 권리 등이 있죠. 이런 권리들을 가정, 시설, 공공기관, 지역사회에서 보장할 것을 명시하고 있습니다.

각 시도교육청에서 정한 학생 인권조례와 서울시 어린이·청소년 인권조례는 모두 어린이·청소년들이 인간으로 동등한 권리를 보장받아야 한다는 것을 구체적으로 명시한 법적 문서라는 면에서 그 의의를 가지고 있습니다.

게임 셧다운제는 자유의 침해인가요?

지난 2011년 10월 15일, 중학교 3학년인 프로게이머 이승현 선수는 국제 대회 진출권이 걸린 한국 대회 결승에서 시간에 쫓겨 어이없이 패하고 말았습니다. 그날 이승현 선수가 시간에 쫓겼던 이유는 바로 게임 셧다운제 때문이었습니다.

셧다운제란 16세 미만의 청소년이 오전 0시부터 6시까지 인터넷 게임을 접속할 수 없도록 제한하는 제도를 말합니다. 밤 12시가 지나면 게임 접속이 강제로 차단되기 때문에 이 선수는 무리하게 공격을 시도하다 경기에 지고 만 거예요.

게임 셧다운제는 2004년 몇몇 시민단체에 의해 제안되었습니다. 이 단체들은 청소년들의 인터넷 사용 시간이 많아 수면 부족, 대인 관계 축소 등에 시달리고 있다고 발표했습니다. 조사 결과 인터넷 사용 시간 중 73.4퍼센트가 온라인 게임을 즐기는 걸로 나타났으며, 이것을 바탕으로 게임이 인터넷 중독의 주요 원인이라는 결론을 내리게 되었죠.

하지만 이에 대한 반론도 만만치 않게 주장되었습니다. 문화 관련 단체와 청소년 단체들 중에는 게임 셧다운제가 청소년을 자기 판단 능력이 없는 무지한 대상으로 보는 위험한 발상이라고 비판하며 청소년의 자기 결정권을 강제로 침해하는 이 제도를 폐지해야 한다고 주장했습니다. 청소년들의 게임 몰입을 방지하기 위한 해결책은 강제적인 셧다운제가 아니라 청소년에 대한 이해와 소통 그리고 게임 문화에 대한 이해가 우선시되어야 한다고 생각한 거예요.

청소년의 인터넷 중독을 예방하기 위해 강제로 인터넷 게임 접속을 차단하는 셧다운제에 대해 여러분은 어떻게 생각하나요? 보호를 위해 자유를 제한하는 것은 인정할 수 있을까요? 아니면 문제점이 생기더라도 자유를 보장하는 게 더 맞을까요?

이렇게 자유를 제한해야 하는가, 아니면 자유를 무제한 보장해야 하는가의 문제는 현실에서 다양하게 드러나는 문제입니다. 이럴 때 우리는 어떤 판단을 해야 할까요?

참 어려운 문제죠. 다음 세 가지 질문이 판단을 하는 데 중요한 잣대가 되어 줄 것입니다. 첫째, '자유를 제한당하는 집단을 어떤 대상으로 보고 있느냐?'입니다. 둘째, '특정 집단에게만 자유를 제한시키는 것이 올바른가?'입니다. 마지막으로 '자유를 제한당하는 당사자 집단의 주장과 목소리가 충분히 반영되었느냐?'입니다.

자, 그럼 첫째 질문부터 한번 곰곰이 생각해 볼까요? 첫째는 '자유를 제한당하는 집단을 어떤 대상으로 보고 있느냐?'였죠. 만약, 청소년을 단지 보호의 대상으로 본다면 강제적인 셧다운제가 가장 효과적인 방법일 것입니다. 하지만 청소년을 자기 판단 능력이 있는 동등한 주체로 본다면 청소년의 자기 결정권이 침해되지 않는 한도에서 인터넷 중독에 대한 교육과 홍보들로 어느 정도의 효과를 볼 수 있을 것입니다.

사실, 셧다운제는 온라인 게임에 대해서만 적용되기 때문에 최근 청소년들이 가장 많이 사용하는 에스엔에스(SNS)나 모바일 게임 등에 대한 중독에 대해서는 근본적인 해결책이 될 수 없습니다. 게다가 이를 해결하기 위해 청소년들의 모든 인터넷 이용을 제한하는 건 현실적으로 불가능하죠. 그렇다면 보호주의 입장보다는 청소년들의 자기 결정권을 보장하면서 스스로 인터넷 중독으로부터 벗어날 수 있도록 지원하는 것이 올바른 방식이 아닐까요?

둘째, '특정 집단에게만 자유를 제한시키는 것이 올바른

가?'에 대해서도 생각해 보죠. 인터넷 중독은 청소년 집단에서만 나타나는 독특한 특징이 아닙니다. 만약, 인터넷 중독을 예방하기 위해 전 국민을 대상으로 셧다운제를 시행한다면 강제적인 법 집행에 대해 거센 반발이 일어날 것입니다. 청소년 집단의 인터넷 중독은 큰 문제이고 성인의 인터넷 중독은 큰 문제가 아닐까요? 성인들은 인터넷 중독에서 스스로 헤어나올 수 있지만 청소년들은 그럴 수 없을까요? 사실 청소년뿐만 아니라, 모든 연령의 사람들을 대상으로 하는 인터넷 중독 예방을 위한 게임 회사들의 다양한 게임 시간 제한 프로그램, 인터넷 중독의 문제점을 알리는 홍보와 교육이 더 효과적일 수도 있습니다.

또한 셧다운제에도 여지없이 청소년은 미성숙하다는 주장이 반영되어 있습니다. 성인에게서도 발생하는 문제인데, 청소년에 대해서만 자유를 제한하는 것은 청소년은 자유를 제한해도 되는 대상이라는 인식이 숨어 있는 거예요. 하지만 어쩌면 청소년이 미성숙하다는 주장은 사실 흑인은 지능이 떨어지고 우수하지 못한 인종이라는 인식과 다를 바 없는 차별적인 생각일 수도 있습니다.

마지막으로 '자유를 제한당하는 당사자 집단의 주장과 목소리가 충분히 반영되었느냐?'에 대해서도 생각해 볼까요? 아쉽게도 게임 셧다운제는 청소년을 대상으로 한 제도 이면서도 정작 청소년들의 입장이나 의견들이 들어가 있지 않답니다. 어쩌면 청소년들이 이 문제를 해결하는 가장 좋은 해결 방법을 알고 있었을지도 모르죠. 하지만 자유가 제한된 청소년들은 안타깝게도 문제를 해결하는 과정에서 참여할 권리가 없었던 것입니다.

자유를 누리는 것은 동등한 인간으로 존중받기 위한 전제 조건입니다. 그래서 자유가 제한되는 것을 경계하는 것이죠. 청소년은 자신의 문제를 해결할 수 없을 정도로 미숙한 존재일까요? 청소년이 누릴 자유에 대해 스스로 더 관심을 가져야 하는 것도 이 때문이랍니다.

다른 사람의 인권을 침해하는
표현의 자유도 인정해야 할까요?

인도에서 한국으로 온 보노짓 후세인 교수는 잊지 못할 경험을 했습니다. 2009년 7월 어느 날, 그는 한국인 친구들과 함께 시내버스에 탔습니다. 그는 버스에서 한국인 친구들과 회의에 대해 이야기를 나누고 있었습니다. 그런데 누군

가 그의 등 뒤에서 큰소리로 욕설을 하기 시작했습니다.

"시끄러워, 더러운 XXX야!"

뒤를 돌아본 후세인 교수는 한국인 남자 한 명이 자신을
가리키며 소리지르고 있는 것을 발견했습니다.

"야, XXX야, 냄새나! 너 어느 나라에서 왔어?"

한국인 남자의 모욕적인 발언이 계속되자, 후세인 교수
의 한국인 동료 교수들이 그에게 항의를 했습니다. 그러자

그는 한국인 교수들에게도 욕을 퍼부었습니다. 결국 더 이상 참지 못한 후세인 교수는 한국인 남자를 경찰서로 데려갔습니다.

하지만 경찰서에서는 더욱 황당한 일이 벌어졌습니다. 경찰이 피해자인 후세인 교수의 이야기는 듣지 않고 먼저 욕을 한 사람의 이야기를 듣기 시작한 것입니다. 줄곧 한국인 남자에게 존댓말을 한 경찰은 후세인 교수의 신분증을 본 후 믿지 못하겠다는 표정으로 그에게 물었습니다.

"네가 정말 교수야?"

그 이후에도 경찰은 후세인 교수에게 계속 반말을 했습니다. 게다가 경찰은 진술서를 쓸 때도 욕설을 한 한국인 남자는 금방 집으로 돌려보냈습니다. 그러나 후세인 교수는 한참 동안 경찰서에서 나올 수 없었죠.

여러분이 만약 다른 나라에서 후세인 교수와 같은 일을 당했다면 어땠을까요? 후세인 교수를 모욕하던 한국인 남자의 욕설을 표현의 자유라고 인정할 수 있을까요? 외국인에 대한 편견으로 가득 찬 경찰관의 태도는 어떤가요? 자신의 생각을 표현하는 것은 개인의 자유니까 그 표현도 존중해 주어야 할까요?

다른 사람을 차별하고 인권을 침해하는 표현은 표현의

자유로 인정할 수 없습니다. 그것은 표현의 자유가 가지는 기본적인 가치와 반대되는 일이기 때문입니다. 표현의 자유는 모든 사람이 동등해야 한다는 기본 조건에서 시작하는 자유거든요.

역사적으로 표현의 자유는 계급과 지위를 이용해 다른 사람들의 생각을 억압하고 탄압하던 모든 권력 및 제도와 싸우는 과정에서 인간의 기본적인 권리로 자리매김했습니다. 사실 왕이나 지배 계급에게는 자신의 생각과 주장을 표현할 자유라는 것이 따로 필요하지 않았습니다. 그냥 그들이 원하면 말하고 표현하면 됐으니까요. 오히려 표현의 자유는 인간으로 존중받지 못하고 지배당하던 사람들이 "나도 너희들과 동등한 인간이다!"라는 절절한 외침을 시작하면서 생겨났습니다.

그러므로 다른 사람의 인권을 침해하는 표현의 자유란 존재하지 않습니다. 외국인들과 이주 노동자에게 차별적인 말을 하고 게시판이나 에스엔에스(SNS)에 글을 올리는 것은 표현의 자유가 아니라 인권 침해일 뿐입니다.

그런데 아직까지 우리 사회에는 함께 살아가는 소수자들에게 차별적인 말을 함부로 하는 사람들이 있습니다. 그들은 단지 표현의 자유에 따라 자신의 생각을 표현했을 뿐이라고 주장하기도 합니다. 하지만 이는 표현의 자유를 잘못 이해한 주장에 불과합니다.

독일에서 나치에 대해 찬양하거나 유대 인 학살을 부정하는 사람들에 대해 그 죄를 묻는 것이나, 미국 사회에서 인종차별적 발언을 한 사람들을 강도 높게 비판하는 것, 2015년 일어난 '〈샤를리 에브도〉 테러 사건'[*]에 대해 테러에 대해서는 반대하지만 특정 종교에 대한 차별적인 표현이 정당했느냐에 대한 논란이 계속되고 있는 것도 바로 이 때문이죠. 앞에서 말했듯, 표현의 자유는 다른 사람의 인권을 침해해도 되는 자유가 아니니까요.

> [*] 〈샤를리 에브도〉 테러 사건 2015년 1월 7일, 프랑스 파리에 위치한 풍자신문 〈샤를리 에브도〉 본사에 복면을 한 두 명의 테러리스트가 침입하여 사람들에게 총기를 난사한 사건이다.

오히려 사회적인 약자들이 목소리 높여 자신의 권리를 주장할 수 있도록 인정하고 보장해 주는 것이 표현의 자유를 지키는 행동입니다. 우리 사회에는 다양한 소수자가 있습니다. 장애인, 성소수자, 이주민, 노숙인 등 사회적 약자가 자신이 누릴 인권에 대해 당당히 이야기할 수 있도록 지지하고 그들에 대한 차별적인 표현들에 대해 비판해야 하는 이유도 여기에 있습니다.

경제적 자유를 위해
국가는 간섭하면 안 될까요?

경제적 자유주의는 경제 활동에서의 자유주의를 옹호하는 사상입니다. 이 이론에 따르면 인간은 경제적으로 이익을 얻으려는 본성이 있습니다. 따라서 특별한 간섭 없이 자유롭게 놔두면 자신의 이익을 극대화하려는 인간의 본성에 따라 자연스레 서로 경쟁을 하면서 안정적인 질서를 유지하게 되는 거죠. 경제적 자유주의의 이론적인 토대를 만든 사람은 애덤 스미스[*]로, 그는 스스로 안정적인 질서가 유지되는 것을 '보이지 않는 손'[*]이라고 명명했습니다.

경제적 자본주의는 경제 활동에서 국가의 간섭이나 개입을 최소화해야 한다고 주장합니다. 그래서 국가는 개인의 재산권을 지키고, 자유를 보장해 주기만 하면 된다고 말하죠.

애덤 스미스는 보이지 않는 손에 의해 경제 활동이 이루어지며 이익이 극

[*] 애덤 스미스 (Adam Smith, ?~1790) '경제학의 아버지'라고 불리는 영국의 경제학자이자 철학자. 근대 경제학의 출발점이 된『국부론』을 썼다.

[*] 보이지 않는 손 생산자의 생산량, 소비자의 수요량에 따라 경제 활동이 이루어진다는 이론이다.

대화될 것이라고 기대했지만 현실은 그리 쉽지 않았습니다. 경제적 자유주의에 의한 자본주의 사회는 부의 편중 현상으로 빈부 격차가 극심해지고 정당한 노동에 대해 정당한 대가가 돌아가지 않는 등 노동 착취가 심화되기 시작했습니다.

결국 극심한 빈부 격차의 차이와 대공황의 발생으로 경제난이 계속되자 애덤 스미스의 경제적 자유주의를 비판하는 케인즈* 같은 경제학자들이 등장하게 됩니다. 이를 수정자본주의라고 합니다. 즉 국가가 경제 활동에 적극적으로 개입하는 대신 세금을 높이고, 이를 통해 다양한 복지 정책을 실시하여 사회 구성원들이 기본적인 생활을 영위할

> *케인즈(John Maynard Keynes, 1883~1946)
> 20세기에 가장 큰 영향을 미친 영국의 경제학자. 경제 활동을 위해 국가가 적극적으로 개입해야 한다고 주장했다.

수 있도록 보장해야 한다는 주장이 힘을 얻게 된 것입니다.

하지만 국가의 계획적인 개입으로 모든 경제 활동을 이루었던 사회주의 국가가 몰락하면서 수정자본주의에 대해서도 생각이 달라졌습니다. 수정자본주의를 선택했어도 국가가 지나치게 개입해서는 안 된다고 주장하는 사람들이 늘어난 거예요. 이 무렵 국가의 간섭과 규제를 완화하고, 자유로운 시장과 재산권 보장을 중시하며, 기업 간과 국가

간에 서로 무한 경쟁을 하게 되면 경제적인 문제들이 자연
스럽게 해결될 거라는 신자유주의가 나타났습니다. 신자유
주의는 국가가 내부에 간섭하지 않음은 물론 국가 간에도
규제 없는 경쟁을 해야 한다고 주장합니다. 이를 바탕으로
세계가 더 가까워져 세계화가 이루어지면 세계 전체적인 면
에서 경제적 이익은 점점 더 커지게 될 거라고 생각했죠.

하지만 그 결과 경쟁력 있는 대기업의 이익들은 극대화
되었지만 중소기업들이 도산했습니다. 정규직이 줄어든 반면 비정규직이 늘어났고, 이전까지 국가에서 책임지던 전기, 물, 철도 등 국민의 삶과 밀접한 국가 기반 산업들이 민간 기업의 경쟁에 의해서 운영되면서, 서민들의 안정된 삶이 파괴되고 빈부 격차가 더욱 심화되었죠. 이에 무조건적인 규제 완화와 무한 경쟁을 중시하는 신자유주의는 많은 비판에 직면하게 됩니다. 신자유주의는 규제 없는 무한 경쟁 속에서 경제 문제도 해결될 거라고 낙관했지만, 사실 신자유주의 체제에서는 이미 경쟁력을 갖춘 대기업 중심, 선진국 중심으로 부가 편중되는 문제가 오히려 더 심해지게 되었습니다.

예일대 경제학과 로버트 쉴러* 교수는 "자본주의 경제는 규제가 없으면 제대로 작동하지 못하며, 우리에게는 착한 행동을 강요할 누군가가 필요하다. 왜냐하면 모두가 선의를 갖고 있지 않

> ★ 로버트 쉴러(Robert James Shiller, 1946~)
> 미국의 경제학자. 시장의 생산과 수요를 감안하여 합리적으로 행동하면 시장이 균형을 찾아간다고 주장했다.

으며, 모두가 관대한 마음이나 공익 정신을 갖고 있지 않기 때문이다. 따라서 우리에게는 사람들이 할 수 있는 행동을 제한할 규칙이 있어야 한다"라고 말하며 국가적 개입과 규제의 필요성을 주장하고 있습니다.

경제적 자유를 단지 경제 활동에서 국가가 거의 개입하

지 않는 자유로 생각한다면, 지금의 신자유주의는 자유주의를 최대한 보장하는 이상적인 경제 사상이라고 말할 수 있을 것입니다. 하지만, 인간답게 생활을 영위할 자유, 경제 활동에서 배제되지 않을 자유, 직업 선택의 자유, 노동할 자유 등 적극적 자유의 측면에서 본다면 신자유주의는 양육강식의 논리로 모든 인간이 누릴 자유를 제한하는 사상이라고도 말할 수 있습니다.

경제적 자유를 위한 국가의 입장은 아직도 풀리지 않은 과제입니다. 경제적 자유를 위해 단지 국가는 간섭과 규제를 풀기만 하면 될까요? 아니면 모두가 누려야 할 자유를 보장하기 위한 국가의 적극적인 규제와 개입이 필요한 걸까요? 여러분은 어떻게 생각하시나요?

자유를 제한하는 최소의 기준은 무엇일까요?

지금까지 여러분과 자유에 대해 이야기해 보았습니다. 이제 자유가 어떤 의미인지 조금 감이 잡히나요? 자유라는 말은 우리가 흔히 쓰면서도 그 의미를 매우 추상적인 개념으로 생각해 온 경향이 있어요. 하지만 자유는 추상적인 개념이

아니라 우리의 삶과 매우 밀접하게 연관되어 있는 구체적이
고 살아 있는 권리입니다.

나의 몸을 다른 누군가에게 구속당하지 않고 폭력의 공
포에 떨지 않는 것에서부터, 누군가에게 얽매이지 않고 자
유롭게 생각하여 다양한 방식으로 표현하는 것까지 자유
는 우리 삶의 여러 가지 문제들과 연관을 가지고 있습니다.

사실 지금까지 한국 사람들은 자유를 누리는 것에 익숙
하지 못했습니다. 계급사회였던 조선시대를 거쳐 일제강점
기의 식민지 지배 그리고 독재 정권과 군사 문화 등등…….
한국 사회에서 자유를 만끽한 역사적 경험이 그리 많지 않
기 때문입니다. 특히 청소년들이 누려야 할 자유는 매우 제
한적이었습니다.

"어른이 어린이를 내리 누르면 안 된다. 30~40년 뒤진
옛사람이 30~40년 앞사람을 잡아끌지 말자. 낡은 사람은
새 사람을 위하고, 그들의 뒤를 따라가야만 밝은 데로 나
아갈 수 있다."

1930년, 어린이 인권운동가 방정환이 한 강연에서 한 말
입니다. 1900년대에 들어서면서 아동과 청소년의 인권에 대
해 관심이 많아졌지만, 우리나라 유교주의의 전통과 높은
교육열은 청소년들의 자유를 오늘 누려야 할 권리가 아니

라 미래에 누릴 권리로 인식하게 만들었습니다.

그러다 보니 우리 청소년들은 자유를 누리는 것도 서툴어졌고 자유에 대한 책임을 지는 것 또한 서툴어질 수밖에 없었죠. 이런 서투름은 다시금 청소년의 자유를 제한하는 근거로 사용되곤 합니다. 그런 의미에서 저는 한국 사회의 청소년들이 더 많은 자유를 요구해야 하고 더 많은 자유를 누려야 한다고 생각합니다. 더 많이 누릴수록 그에 따른 책임에 대해서도 스스로 고민할 수 있기 때문입니다.

여러분의 자유를 제한하는 최소의 기준은 독일의 철학자 칸트의 명언에서 쉽게 정답을 찾을 수 있다고 생각합니다.

"서로 자유를 방해하지 않는 범위에서 내 자유를 확장하는 일, 이것이 자유의 법칙이다."

다른 사람이 누릴 자유를 침해할 자유는 세상에 존재하지 않습니다. 다른 사람을 비판할 수 있는 자유는 있지만 그 사람의 생각과 표현을 억압할 자유는 누구도 가지고 있지 않습니다. 누구나 자기 생각을 표현할 자유는 마음껏 누려야 하지만 다른 사람의 인간적인 존엄을 해치며 정신적, 물리적으로 구속하는 차별과 비인권적인 표현을 할 수 있는 자유는 누구도 가지고 있지 않습니다.

또한 다른 사람은 누릴 수 없고 오직 나만이 누릴 자유도 존재하지 않습니다. 평등하게 누릴 수 없는 자유는 자유가 아니기 때문입니다. 역사가 기록된 이래 오랫동안 자유는 힘과 권력을 가진 사람들이 누릴 수 있는 권리였습니다. 주인과 노예, 봉건 영주와 농노, 양반과 노비 등 계급에 따라 자유를 누릴 권리를 제한하는 것은 당연하게 여겼습니다. 또한 계급제도를 바꿀 수 없는 절대불변의 것처럼 여긴 적도 있었죠.

하지만 시민혁명을 통해 사람들은 계급제도를 무너뜨리고 자유란 모든 사람이 누릴 권리임을 밝혀 냈습니다. 결국 자유는 누군가 독점해서 누릴 권리가 아니라 모든 사람들이 누릴 수 있을 때 그 온전한 의미를 다하게 되는 것입니다.

앞으로 자유의 개념은 계속 확장되어야 합니다. 초기의 자유는 단순히 제한과 간섭, 속박에서 벗어나는 일이었어요. 먼 옛날에는 노예 상태에서 해방되는 것만 자유로 생각했겠죠. 하지만 지금의 자유는 좀 더 적극적인 의미가 더해지고 있습니다. 그것은 온전한 자유를 누리기 위해서 필요한 조건들이 과거보다 더 세분화되고 복잡해졌기 때문입니다. 개인의 다양성을 인정하지 않는 문화와 교육제도, 개인의 인간다운 삶을 영위할 수 없게 만드는 경제제도와 경

쟁체제, 과학의 발달과 정보와 기술을 독점하는 것의 문제 등 인간의 자유를 제한할 수 있는 모든 것들에 대해서 함께 생각해야 됩니다.

앞으로 여러분들이 자유에 대해 생각할 때 다음 세 가지 기준을 떠올려 보세요. 첫째, 내가 누리는 자유는 나만이 누리는 자유인가요? 둘째, 내가 누리는 자유가 다른 사람의 자유를 침해하는 것은 아닌가요? 셋째, 현재 누리는 자유보다 더 확장된 자유는 없을까요? 이러한 기준 속에서 자신의 자유, 다른 사람의 자유가 온전히 누리는 세상을 꿈꾼다면 여러분이 앞으로 살아갈 세상은 훨씬 멋지고 행복해지지 않을까요?

‘〈샤를리 에브도〉 테러 사건’은 지난 2015년 1월 7일, 프랑스 파리에 위치한 풍자신문 〈샤를리 에브도〉 본사에 복면을 한 두 명의 테러리스트가 침입하여 사람들에게 총기를 난사한 사건을 말합니다. 이 사건으로 신문사에 있던 12명의 사람들이 사망하고 10명이 부상을 입었습니다. 이 사건은 프랑스에서 1989년 일어난 총기 사건 이후 벌어진 최악의 총기 살해 사건이라고 합니다.

〈샤를리 에브도〉 테러는 도대체 왜 일어난 것일까요? 신문사에 침입하여 50발 이상의 총격을 한 두 명의 범인은 형제로 모두 이슬람 원리주의 성향의 사람이었습니다. 스스로 알카에다 예멘지부 소속이라고 밝힌 이들은 이슬람교에 대해 풍자하는 만화를 실은 것에 대해 분노하여 신문사에 진입하여 테러를 자행한 것으로 알려졌습니다.

〈샤를리 에브도〉는 공격적인 방식으로 표현하는 풍자 신문입니다. 그들은 특히 반종교적인 경향이 많았는데, 이슬람, 천주교, 유대교, 정치인 등에 대한 비판적인 기사와 풍자만화를 싣는 신문이었습니다.

〈샤를리 에브도〉 테러 사건이 일어나자 전 세계의 언론인들과 문화 예술인들은 추모와 애도의 뜻을 나타내고 "나는 샤를리다"라는 푯말을 들

고 표현의 자유가 희생된 사건에 대해 분노를 표현했습니다.

그런데 시간이 지나자, 다른 주장들이 나타났습니다. 〈샤를리 에브도〉가 발가벗은 모습으로 조롱당하는 무하메드(이슬람 교의 창시자)를 만화로 그린 것이 알려졌기 때문입니다. 무하메드는 이슬람에서 만화로 그리는 것이 금기시되어 있는데, 과연 이런 만화를 그린 것이 올바른 것이었나에 대해 문제 제기를 하는 사람들이 생긴 거죠.

이는 테러에 대해서는 모두 비판과 규탄의 한목소리를 내었지만 '다른 종교를 모욕하고 비판하는 표현의 자유를 인정해야 하는가?'에 대해서는 의견이 서로 갈라지기 시작했다는 것을 나타냅니다. 그래서 사람들 중에는 "나는 샤를리다"라는 구호를 살짝 바꾼 "나는 샤를리가 아니다", "나는 무하메드다"라는 구호를 외치는 사람들도 생겨나기 시작했습니다. 이들은 다른 종교를 모욕하는 자유까지는 허용할 수 없다고 주장했습니다.

표현의 자유는 무제한적으로 허용되어야 하는 것일까요? 아니면 어느 정도의 제한이 있어야 할까요? 이 사건은 표현의 자유에 대해 우리들에게 고민을 던져 주는 사건이 되었습니다.